Zu diesem Buch

Im Süden Chiles werden 300 Deutsche in einem mit Stacheldraht, Wachhunden, Wachtposten und moderner Elektronik gesicherten Lager gefangengehalten. Die «Colonia Dignidad», eine aus mehreren Gruppen freikirchlicher Gemeinden entstandene Sekte, steht unter der diktatorischen Knute des ehemaligen Predigers Paul Schäfer, gegen den 1961 in Deutschland Haftbefehl erlassen wurde und dem es dennoch gelang, die Massenauswanderung von Kindern seines sogenannten «Waisenheimes» nach Chile zu organisieren. Zeugen haben ausgesagt: In dem Lager werden Kinder sexuell mißhandelt, Menschen mit Elektroschocks gefoltert und mit Psychopharmaka gequält. Dort sind Menschen «verschwunden», und die «Colonia Dignidad» steht in dem Verdacht, der DINA, dem chilenischen Geheimdienst, als Folterlager gedient zu haben.

In den mehr als 25 Jahren ihres Bestehens ist die Kolonie zu einem finanzkräftigen Wirtschaftsunternehmen geworden; nicht nur Schwarzbrot und Lachsschinken, sondern auch Gold und Titan gehören zu den Geschäften, die sie betreibt.

Der Deutschen Botschaft in Santiago und dem Auswärtigen Amt in Bonn sind die schweren Vorwürfe seit Jahren bekannt. Einige Angehörige von Lagerinsassen haben viele vergebliche Versuche unternommen, ihre Kinder, Eltern, Geschwister aus dem Lager wieder herauszubekommen. Geholfen haben ihnen die Diplomaten dabei nicht.

Gero Gemballa, geboren 1961, freier Journalist und freier Mitarbeiter des Westdeutschen Rundfunks, hat mit den wenigen, denen die Flucht gelungen ist, gesprochen. Er ist der erste Journalist, der es schaffte, in das Lager zu gelangen, wo er mit dem angeblich toten Sektenführer Paul Schäfer gesprochen hat. Er hat die Geschichte des Lagers recherchiert, die engen Kontakte, die zum chilenischen Geheimdienst und zu deutschen Politikern bestehen.

«Die Geschichte ist ohne Ende. Irgendein großes Geheimnis steckt noch dahinter. Der Grund, weshalb die Leiter der ‹Colonia Dignidad› bisher immer ungestraft davonkommen konnten, ist noch nicht gefunden. Es gibt nur viele Einzelhinweise und mysteriöse Geschichten. Vielleicht wird in zehn Jahren immer noch über die ‹Colonia Dignidad› berichtet. Und auch dann sagt das Auswärtige Amt, daß man das Ganze ‹sehr ernst› nehme und sich ‹um Aufklärung bemüht›.»

Gero Gemballa

«Colonia Dignidad»

Ein deutsches Lager in Chile

Rowohlt

rororo aktuell – Herausgeber
Ingke Brodersen · Freimut Duve

Mitarbeit: Martina Kaimeier, Uwe Herzog, Plan Film Köln
Übersetzungen: Monika López
Die Fotos auf den Seiten 10, 32, 48, 65, 106, 114, 130, 152, 162
sind von Gero Gemballa
Grafik: Oliver Strauss

Originalausgabe

Veröffentlicht im Rowohlt Taschenbuch Verlag GmbH,
Reinbek bei Hamburg, März 1988
Copyright © 1988 by Rowohlt Taschenbuch Verlag GmbH,
Reinbek bei Hamburg
Alle Rechte vorbehalten
Umschlagentwurf Jürgen Kaffer / Peter Wippermann
(Foto: Gero Gemballa)
Satz Times (Linotron 202)
Gesamtherstellung Clausen & Bosse, Leck
Printed in Germany
980-ISBN 3 499 12415 7

Inhalt

Vorwort

«Das gibt's doch nicht», sagte mein Redakteur, als ich ihm vor mehr als einem Jahr von der «Colonia Dignidad» erzählte. Eine Gruppe von deutschen Staatsbürgern, eine ehemalige Baptisten-Gemeinde, biedere Herrschaften, die seit einem Vierteljahrhundert in Chile Angst und Schrecken verbreiten, die sich zum Handlanger einer brutalen Diktatur gemacht haben und überall mitmischen, wo man sich die Finger schmutzig machen kann: Geheimdienste, Waffen, Rechtsterrorismus. Es klingt unglaublich, daß deutsche Staatsbürger seit einem Vierteljahrhundert ungehindert Kinder «vergessen» und Menschen hinter Stacheldraht gefangenhalten können, daß das seit 1966 den deutschen Diplomaten in Chile bekannt ist, daß schließlich sogar zur Gründung eines «Freundeskreises» für die obskure Organisation in der Bundesrepublik aufgerufen wurde.

Zum erstenmal hatte ich während meines Zivildienstes in Münster von der «Colonia Dignidad» erfahren. Ich betreute Franziska Noltenius, die in der amnesty-Gruppe Münster Asylbewerbern hilft, sich hier zurechtzufinden.

In einer Zeitschrift stand ein Gedicht eines Exil-Chilenen über die «Colonia Dignidad», in der Menschen verschwinden, aus der als einziges Lebenszeichen immer nur gespenstisch gleichlautende Luftpostbriefe nach draußen dringen. Ich erkundigte mich und erfuhr, daß seit zehn Jahren zwischen der Leitung der deutschen Auswanderer-Siedlung in Chile und «amnesty international» ein Gerichtsverfahren anhängig ist, in dem es um die Klärung des ungeheuren Vorwurfes geht, ob Deutsche im Auftrag des chilenischen Geheimdienstes gefoltert und vielleicht sogar «Folter-Forschung» betrieben haben. Die Tatsache, daß dort Bürger der Bundesrepublik Deutschland ihrer Freiheit beraubt wurden, ist noch nie vor Gericht erörtert worden.

Die Reaktionen am Bonner Landgericht und im Auswärtigen Amt auf meine Nachfragen haben dann erst die Recherchen ausgelöst. Ein «schwebendes Verfahren» sei der Prozeß zwischen der «Colonia Dignidad» und «amnesty international», deshalb könne man nichts dazu sagen, meinten beide Stellen unisono. Danach war nichts, aber auch gar nichts zu erfahren. Das sollte bis heute so bleiben. Das Auswärtige Amt, mehrfach um Interviews oder um Entsendung eines Diskussionspartners ins Fernsehstudio gebeten, hat bis heute keine offizielle Stellungnahme abgegeben. Bei so viel Verschlossenheit wird man als Journalist hellhörig.

Als ich schließlich erfuhr, daß zwei Ehepaaren aus der Führungsschicht des Lagers die Flucht aus der «Colonia Dignidad» gelungen war, machte ich mich auf die Suche. Ich lernte das Ehepaar Waltraut und Hugo Baar kennen. Hugo Baar war Mitgründer der «Colonia Dignidad». In einer Unzahl von Gesprächen mit dem freundlichen älteren Herrn schienen sich alle Vorwürfe gegenüber der «Colonia Dignidad» zu bestätigen. Mir gelang es, mit einem weiteren ehemaligen Sektenmitglied, dem Deutsch-Chilenen Heinz Kuhn, zu telefonieren. Später war Heinz Kuhn für mehrere Wochen in Köln, um vor der Kamera zu berichten. Seitdem habe ich keinen Zweifel mehr daran, daß aus der schrulligen eine kriminelle Vereinigung geworden ist.

Bei der Härte der Vorwürfe sollte natürlich den Beschuldigten jede Gelegenheit gegeben werden, sich zu äußern. Eine Vielzahl von Fernschreiben und Einschreibebriefen dokumentiert, daß daran auf seiten der «Colonia Dignidad» kein Interesse besteht. Im Auftrag des Westdeutschen Rundfunks habe ich seit August 1987 mehrere Filmbeiträge und zusammen mit Kai Hermann, der 1977 mit dem Artikel «Das Folterlager der Deutschen» den ersten großen «Colonia»-Skandal ausgelöst hat, im *stern* zwei Artikel zum Thema veröffentlicht. Angehörige von in Chile verschwundenen Sektenmitgliedern haben sich in den Redaktionen gemeldet. Inzwischen sind über 40 Einzelfälle dokumentiert.

Die Geschichte ist ohne Ende. Irgendein großes Geheimnis steckt noch dahinter. Der Grund, weshalb die Leiter der «Colonia Dignidad» bisher immer ungestraft davonkommen konnten, ja ihr Lager auch noch zu einem finanzkräftigen Wirtschaftsbetrieb ausbauen konnten, ist noch nicht gefunden. Es gibt nur viele Einzelhinweise und mysteriöse Geschichten. Vielleicht wird in zehn Jahren immer noch über die «Colonia Dignidad» berichtet. Wird das Auswärtige Amt dann immer noch sagen, daß man das ganze «sehr ernst» nehme und sich «um Aufklärung bemüht»?

Köln, den 15. Januar 1987

«Sie werden sich noch wundern»
In der Kolonie

Religiöser Wahn, Machtgelüste, Geldgier, Sexualität, Elektroschocks, politische Verwicklungen, Komplizenschaft zum Geheimdienst, Gold, Titan und ab und an ein ungeklärter Mord – die «Colonia Dignidad» im Süden Chiles ist nicht nur eine mysteriöse, sondern auch eine kriminelle Gemeinschaft, und das seit einem Vierteljahrhundert. Das Lager der dreihundert Deutschen, die beten, foltern, Schwarzbrot verkaufen und für Diktator Pinochet den roten Teppich ausrollen, ist weit mehr als nur eine verrückte Sekte. Die deutsche Kolonie, nur dürftig getarnt als Wohltätigkeitsverein, ist in der chilenischen Militärdiktatur ein Staat im Staate. Und das, vielleicht weil es seriöser wirkt, unter dem Wappen des Freistaats Bayern, das allerdings auch die politische Nähe zum Ministerpräsidenten dieses deutschen Bundeslandes dokumentieren soll.

«Kolonie Würde» heißt das Lager, offiziell «Sociedad Benefactora y Educacional Dignidad». Die Wohltätigkeit und die «Würde» führt diese Gesellschaft also im Namen. Jeder in Chile kennt das Lager. Mit Wohltätigkeit und Würde allerdings wollen nur wenige es in Verbindung bringen.

Im Solidaritätsvikariat der katholischen Kirche in Santiago wird über Menschenrechtsverletzungen in Chile Buch geführt. Zwischen zwei Pappdeckeln die Akte «Colonia Dignidad», knapp dreihundert Blatt stark. Obenauf liegt eine Blaupause, ein nach der Erinnerung gezeichneter Lageplan des fast 40 Quadratkilometer großen Geländes.

Rechtsanwalt Don Maximo Pacheco, Vizepräsident der chilenischen Menschenrechtskommission und vor dem Putsch von Diktator Pinochet Erziehungsminister und chilenischer Botschafter in Moskau, gibt sich ahnungslos.

Kann man denn einfach dort hinfahren? frage ich ihn.

«Wohin?» fragt er schlitzohrig nach.

Na, zur «Colonia Dignidad». Ist es gefährlich, zum Lager der Deutschen zu fahren?

«Für manche war es das. Das ist Ihre Sache und Ihr Risiko.»

Kommt man denn überhaupt hinein?

«Viele wollten schon in die ‹Colonia Dignidad›, gelungen ist es bis-

12

her niemandem. Selbst deutsche Diplomaten haben es vergeblich versucht. Wenn Sie hineinkommen, dann haben Sie mehr Geschick oder aber mehr Einfluß als die Diplomaten ihres Staates.»

Und er warnt, es sei «ungesund», den Deutschen im Süden einen Besuch abstatten zu wollen.

Den ZDF-Korrespondenten Dieter Kronzucker bewarf man mit Steinen, als er auf die «Colonia Dignidad» zufuhr. *stern*-Reporter Hero Buss wurde 1977 beim Versuch, sich dem Lager zu nähern, von drei Beamten des chilenischen Geheimdienstes aus dem Mietwagen gezerrt und nach kurzem Polizeigewahrsam des Landes verwiesen – auf Befehl des damaligen chilenischen Innenministers. So oder ähnlich ging es bisher jedem kritischen Reporter, der versuchte, in das Lager zu gelangen.

Gar nicht mehr mit der «Colonia Dignidad» in Verbindung gebracht werden möchte jener Rechtsanwalt, dem sich im Solidaritätsvikariat der katholischen Kirche in Santiago ein Geheimdienstagent, der berühmte «Kapuzenmann», offenbart und die Kolonie als Folterlager denunziert hatte. Drei Tage nach diesem Gespräch in den Räumen der katholischen Kirche wurde der Ex-Agent ermordet auf einer Straße in Santiago gefunden. Der Rechtsanwalt ist der einzige überlebende Zeuge dieses Gesprächs. Und das macht ihn nervös.

Heute residiert er als Wirtschaftsanwalt in einer vornehmen Sozietät. Mit Politik will er nichts mehr zu tun haben. «Man hat mir tote Hühner in den Vorgarten geworfen. Die Hühner trugen Papierzettel um den Hals mit den Namen meiner Kinder. Man hat einen abgehackten Schweinskopf in mein Haus geworfen, an dessen Ohr mein Name geheftet war und die Mitteilung, daß es mir demnächst auch so ergehen werde.» Bei Razzien wurde sein Haus durchsucht. Und einmal, so erzählt er, habe er sich vor den Geheimdienst-Kommandos nur retten können, weil es ihm gelungen sei, noch rechtzeitig die Carabineros zu rufen. Die «Colonia Dignidad», die sei zu mächtig. Ein ganzes Leben lang könne man solchem Druck nicht standhalten. Nein, kein Name, kein Interview, keine Informationen. Und kein «Aufwiedersehen».

Die Regierungsbibliothek ist gut sortiert. Nur beim Thema «Colonia Dignidad» gibt es Lücken. Die Bibliothekarin versteht das nicht. Ausgeliehen wurde nichts, weitergegeben an eine andere Bibliothek auch nicht, vernichtet auch nichts. Doch ausgerechnet jene Zeitungsjahrgänge aus 1966 und 1977 sind unauffindbar.

General Gordon ist freundlich. Im Speisesaal des Hotel «Carrera» grinst er vor sich hin. Rechts von ihm eine Dame in Grün, stumm, aber sehr hübsch. Links vom General ein Offizier in grauer Uniform, steif und gelackt. Die «Colonia Dignidad»? Daß sich ausländische Journalisten für so etwas interessieren, verwundert den ehemaligen Chef des chilenischen Geheimdienstes sehr. Da gebe es in seinem schönen Land doch Wichtigeres. Verschwundene, Getötete, Gefolterte? Also, also, bei aller Freundlichkeit, aber das sei ja wohl alles doch sehr übertrieben. In Chile werde niemand gefoltert.

Sprach's und rauschte ab, gefolgt von zurückhaltenden Herren in gedeckten Anzügen und mit dunklen Sonnenbrillen. Immerhin versprach der General ein Interview.

Daraus wird eine – sehr freundliche, sehr zuvorkommende – Führung durch Santiagos Regierungspalast. Es beginnt ganz oben, auf der zweiundzwanzigsten Etage im protzigen Trakt des Generals und geht langsam Etage für Etage nach unten. Bis zum Ausgang. Der General habe leider eben mal schnell zum Herrn Präsidenten in den Moneda-Palast gemußt. Er bitte, ihn zu entschuldigen. Ob denn der deutschsprechende General Stange weiterhelfen könne? Auch der war dann unabkömmlich und schwer beschäftigt. Doch der Herr Direktor der Abteilung für Soziale Kommunikation werde sich alle erdenkliche Mühe geben. Und die gab er sich denn auch. So richtig habe man das Interesse des Reporters ja noch nicht verstanden. Tatsächlich, nur wegen jener «Colonia Dignidad» sei er hier? Zwei Stunden dauert die freundliche Ausfragerei, dann die Bitte, doch später noch einmal anzurufen. Vielleicht habe dann der eine oder andere General eine halbe Stunde Zeit. Nichts für ungut und gute Reise.

256 Kilometer südlich von Santiago, knapp vierzig Kilometer östlich des Städtchens Parral, irgendwo in den Anden, findet man die «Colonia Dignidad», eingezäunt von doppeltem Stacheldraht, freundlich beschützt vom örtlichen Polizeiposten.

28. August 1987: Ich unternehme den zweiten Versuch, zur «Colonia Dignidad» zu fahren. Beim ersten habe ich mich lächerlich gemacht. Nach kaum einem Kilometer auf der Schotterpiste Richtung «Colonia Dignidad» mußte ich umkehren. Reifenpanne. Eigentümlich allerdings: alle vier Reifen waren platt. Und so rumpelte ich auf den Felgen zur nächsten Werkstatt.

Diesmal bin ich besser vorbereitet. Gemietet habe ich einen kleinen Lieferwagen, einen zwar unhandlichen, aber landestypischen Pick-up. In der Hemdentasche den offiziellen Ausweis für Auslandskorrespondenten in Chile und die Visitenkarte des deutschen Botschafters.

Ein Geheimnis ist mein Unternehmen nicht. Schon an der Paßkontrolle des Flughafens von Santiago blinkte mir von einem Computerbildschirm, eingerahmt von anderen Namen mit den gleichen Anfangsbuchstaben, mein Nachname entgegen. Alle vierzig, fünfzig Kilometer auf der Panamericana, der Nord-Süd-Verbindung Chiles, dann die Polizeistation. Ein Schlagbaum über der Straße. Rechts ranfahren bitte schön, die Papiere, danke schön, weiterfahren bitte. Das Ritual wiederholt sich an jedem Kontrollpunkt. Die Diktatur ist perfekt organisiert.

Es ist Freitag, Krankenhaustag in der «Colonia Dignidad». Zweimal die Woche, dienstags und freitags, werden die armen Bauern aus der Bevölkerung kostenlos im Krankenhaus der «Colonia Dignidad» behandelt. Das Krankenhaus hat einen guten Ruf. Alles ist sauber und ordentlich dort. Jeder Patient bekommt einen warmen Eintopf. So viel Großzügigkeit ist man hier nicht gewohnt. Das Krankenhaus ist, genau wie die Schule für chilenische Kinder, Teil der barmherzigen Fassade des deutschen Lagers.

Bei Parral geht es dann von der Panamericana ab, nach Osten, Richtung Berge, zu den heißen Quellen von Catillio. In klapprigen Autos, auf Pferden und zu Fuß ziehen die Patienten über die Schotterpiste. Knapp vierzig Kilometer sind es noch bis zur «Colonia Dignidad».

Nach einer Stunde Autofahrt ein grünes Straßenschild. «Villa Baviera», bayerische Stadt, steht drauf. Ein Pfeil nach rechts. Früher hieß die Kolonie noch «Fundo El Lavadero». Doch inzwischen ist alles, bis zum korrekten Hinweisschild an der Straßenkreuzung, auf bayrisch getrimmt worden.

Ich fahre über eine Brücke. Chilenische Oppositionelle kennen diese Brücke. Manch einer von ihnen hat sie mit verbundenen Augen überquert, als er von der berüchtigten DINA, dem chilenischen Geheimdienst, ins Lager gebracht wurde. Vor zehn Jahren war sie noch nicht betoniert und bestand aus grob zusammengezimmerten Holzbalken. Die Straße wird sandig. Mir kommt ein großer, grün lackierter Lkw entgegen, ein deutsches Modell, ein schwerer, doppelachsiger Laster der Marke «Magirus Deutz» mit Anhänger. Im Führerhaus sitzen zwei verlegen grinsende ältere Männer, Deutsche.

Ich bin, das wird mir später klar, schon längst gesichtet worden.

Schon sieben Kilometer vor dem eigentlichen Haupttor der Kolonie kann der Wachposten 1 des Lagers mit einem Präzisionsfernglas von einem Hügel aus das gesamte Gelände beobachten. Was sich auf der Straße bewegt, wird gemeldet.

Als ich den Hügel hinunterfahre, die ersten Gebäude. Mitten in der chilenischen Wildnis zwei silbrig in der Sonne glänzende Silos, ein sauber angestrichener Schweinestall, zwei, drei Gebäude mit roten Dächern, ein kleiner Teich mit weißen Schwänen, der Rasen ist gemäht. Ein gelbes Gebäude, die Schule, die «bayerische Schule», wie die weiße Schrift auf dem blauen Schild erklärt. Protzig wie ein Hinkelstein ein Felsbrocken, in den zackig eingraviert ist: «Villa Baviera». Dahinter eine hübsche Kapelle mit kleinem Glockenturm, bunt verglasten Fenstern. Richtig putzig sieht das Kirchlein aus. Sauber und ordentlich.

Doch die Idylle hat einen entscheidenden Schönheitsfehler: Um dieses deutsche Fantasia-Land im chilenischen Süden ist Stacheldraht gezogen. Fast zwei Meter hoch sind die Zäune. Selbst um ein Maisfeld zieht sich doppelter Stacheldraht. Zwischen den Zaunreihen ein Graben. Hinter dem Stacheldraht spielen chilenische Kinder in blauer Schuluniform. Als ich näher komme, werden die Kinder weggerufen. Die Schulglocke läutet.

Mit viel Pomp hat Frau Pinochet diese Schule 1985 eröffnet. Bis vor einem Jahr war diese Schule noch eine staatliche Schule, doch inzwischen gehen die 71 Schüler auf eine Privatschule. «Escula Baviera» steht nun auf dem blauen Schild. Der chilenische Staat hat nichts mehr damit zu tun. Die Lehrerin erhält ihr Gehalt direkt von der Kolonie. Ob staatlich oder «Colonia Dignidad» – hier unten in Parral allerdings läuft das so ziemlich aufs gleiche hinaus.

Eine öffentliche Schule besuchen die schulpflichtigen Kinder der «Colonia Dignidad» nicht. Es gibt zwar innerhalb des umzäunten Lagergeländes auch eine Schule für die Kinder der Deutschen, doch wird sie nicht genutzt. Kaum ein Mitglied der Kolonie spricht spanisch. Studiert hat seit Jahren schon niemand mehr. Drei Personen wurde ein Studium erlaubt: Hartmut Hopp, Hussein Siam und Günther Reiß. Alle drei sollten in Christchurch/Kalifornien Medizin studieren. Doch nur Hopp kehrte zurück. Günther Reiß lebt heute in den Vereinigten Staaten und will von der «Colonia» nichts mehr hören. Hussein Siam lebt heute in Saudi-Arabien.

«Hier ist Filmen verboten, das ist verboten hier», ruft mir ein Junge entgegen. Hinter dem Stacheldraht spielen chilenische Kinder. Von den deutschen Kindern der «Colonia Dignidad» ist nichts zu sehen. Die befinden sich irgendwo hinter dem Hügel. Niemand weiß, ob sie überhaupt zur Schule gehen.

Ein Lieferwagen fährt an mir vorbei. Ich fahre wenige Kilometer weiter, eine zweite Brücke, Bienenstöcke an einem Hang, ein schmiedeeisernes Eingangstor, ein Schild. Eine Schwester mit vier Armen hält zwei Kinder an der Hand. «Dignidad» steht in steiler Plakatmalerschrift drunter. Im Kies dann noch ein Schild. Gleich dreisprachig, in deutsch, in englisch und in spanisch steht da: «Privatgrundstück».

Die Bundestagsabgeordneten Ernst Waltemathe und Hajo Hoffmann von der SPD haben 1978 versucht, hier die «Colonia Dignidad» zu betreten. Ernst Waltemathe war auf der Suche nach einem Studenten, der wenige Wochen zuvor spurlos in der Bundesrepublik verschwunden war, aber kurz vorher noch freundlichen Besuch von den deutschen Vertretern der «Colonia Dignidad» erhalten hatte. Deshalb wurde der Student hier vermutet. Die wohlinformierte «Colonia Dignidad» allerdings ließ die Bundestagsabgeordneten nicht weit kommen. «Wegen widriger Umstände», stand auf einem Schild am Eingangstor, «bleibt die Kolonie bis zum 2. Juli geschlossen.» Auf der Brücke zur Kolonie versperrte ein Sattelschlepper den Weg. Dann kam die Polizei. Und die Bundestagsabgeordneten kehrten nach Santiago zurück. Ein spätes Souvenir des Ausflugs wurde dann im politisch rechts orientierten *Deutschland-Magazin* veröffentlicht. Hajo Hoffmann und Ernst Waltemathe, die «widrigen Umstände», beim Blick über das «Colonia Dignidad»-Tor, fotografiert mit einem Teleobjektiv vom Wachposten 1.

Das Tor ist geöffnet. Im Torpfosten eingelassen ein Klingelknopf. Keine Überwachungskamera, keine Schießscharten, kein deutscher Schäferhund und keine bewaffnete Patrouille. Man hat mir ja viel erzählt von der «Colonia Dignidad». Doch soviel Harmlosigkeit habe ich nun wirklich nicht erwartet. Schneebedeckte Gipfel, ein rauschender Bach, buntgestrichene Bienenkörbe, ein weitgeöffnetes, in Pastellfarben lackiertes Tor. Na ja, so sieht nicht gerade der Haupteingang zu einem Foltercamp aus.

Ich drücke den Klingelknopf und frage, ziemlich dämlich wohl, nach Dr. Hartmut Hopp, dann nach «Herrn Schäfer». Hartmut Hopp wurde mir als einer der wenigen beschrieben, der noch nicht vollständig in der Lagerwelt versunken ist. Er gilt als «Außenminister» der

«Colonia Dignidad», reist viel, ist oft in Deutschland und hat in den Vereinigten Staaten studiert.

Niemand antwortet. Hausfriedensbruch oder nicht. Ich frage nochmals, rufe nach Dr. Hopp. Keine Antwort. Na denn. Mit laufender Fernsehkamera fahre ich durch das Haupttor den Stacheldraht entlang den Schotterweg immer weiter nach oben.

Dort ist kein Mensch. Ein original bayerisches Wappen mit Aufschrift «Freistaat Bayern», darüber in spanisch «Villa Baviera». Ein Schlagbaum am Weg in die Berge, ein Holzhaus, beige gestrichen, ein weiteres schmiedeeisernes Tor. In die Torpfosten ist wieder ein bayerisches Wappen eingelassen. Eine große Holzscheune hinter dem Zaun. Am Tor ein Schild. Der Freundeskreis der ‹Colonia Dignidad› in Parral habe bisher über 19 000 Patienten gezählt. Wer im Krankenhaus der Kolonie behandelt werden wolle, der müsse sich zuvor beim Freundeskreis in Parral melden. Dann werden die Behandlungszeiten im Krankenhaus notiert.

Ich bin allein auf dem Vorplatz. Ich parke den Chevrolet und steige aus. Klingelknöpfe, auf die man drücken kann, gibt es genug. Einen an einer Gegensprechanlage am Tor, einen an einer stilisierten Glocke am Haus. «Ist Dr. Hopp da?» Ich luge durch die Sichtblenden an einem Seitenfenster. Hinter dem Vorhang bewegt sich wer.

Kein Mensch läßt sich sehen. Am Giebel des Hauses ein rotes Kreuz. Das Empfangshaus der «Colonia Dignidad» soll Assoziationen an die Poliklinik des Lagers wecken. Blumenrabatten, frisch geharkt. Die Scheibe des Empfangshauses ist verspiegelt. Ich klopfe dagegen. «Ist Dr. Hopp da?»

Er ist. Die Tür springt auf. Heraus treten Gerhard Mücke, der Leibwächter des Sektenführers, Sektenchef Paul Schäfer, der Mann mit dem Glasauge, und schließlich «Außenminister» Dr. Hartmut Hopp, offizieller Chefarzt der Poliklinik der «Colonia Dignidad».

«So eine Unverschämtheit habe ich mein Leben noch nicht erlebt.» Nur eine Person in der «Colonia Dignidad» hat ein Glasauge. Auch mit einer Sonnenbrille läßt sich das nicht verbergen. Es ist Paul Schäfer. Der Mann ist seit zwanzig Jahren nicht mehr in der Öffentlichkeit gesehen worden. Für die chilenische Regierung ist er seit zwanzig Jahren tot. Eigentlich gibt es ihn gar nicht (auch wenn deutsche Diplomaten regelmäßig seinen Paß abstempeln).

Meine Erwartung vom im altmodischen Maßanzug gekleideten Folterknecht, vom hageren KZ-Kommandanten aber trifft nicht zu.

Paul Schäfer, jetzt knapp 66 Jahre alt, in grüner Strickjacke, offenem Hemd und Gabardinehosen nach der Mode der fünfziger Jahre, sieht eher aus wie ein gut erholter Rentner – Halbglatze, leicht gebräunter Teint, graue Haare –, würde er nicht vor Wut spucken. Gerhard Mücke in seiner farbverschmierten Malerhose tritt auf mich zu. Er hält die Hand vors Kameraobjektiv und schubst mich von sich. «Was wollen Sie hier?»

Herrn Dr. Hopp würde ich gern sprechen. Ob denn der Herr im weißen Kittel Herr Hopp sei, frage ich. «Das geht Sie nichts an. Es ist eine Unverschämtheit. Sie haben Privatbesitz betreten. Das ist Hausfriedensbruch.»

Der Herr im Arztkittel stellt sich mir nicht vor. Das hat Dr. Hopp nicht nötig. Von seinen zwei Begleitern unterscheidet er sich durch die modischen Accessoires. Citizen-Armbanduhr, eine Sonnenbrille von Lacoste. Am Arztkittel hängt eine kleine sogenannte «Filmplakette», wie sie von Röntgenärzten benutzt wird.

«Geben Sie die Filmkassette her.» Dr. Hopp ist Kommandos gewohnt. Aus dem Haus tritt eine vierte Person hinzu, ein junger Mann. «Was haben Sie gefilmt?» Mein Mietwagen wird durchwühlt. Ich rücke die Kamera heraus. Die Kassette allerdings würde ich nur der Polizei selbst übergeben. Nach einem ordentlichen Protokoll. «Das kommt aufs gleiche raus», sagt Schäfer knapp. Und lacht.

«Sie sind ja wohl auch so ein Dialektiker», schimpft Schäfer los und spuckt nach jedem Satz vor mir aus. «Halten Sie Ihren ungewaschenen Schnabel. Wie alt sind Sie denn überhaupt?» Schäfer ist außer sich. Er schreit. «Sie haben hier überhaupt nichts mehr zu sagen. Ach, seien Sie doch ruhig, halten Sie doch das Maul, Sie arroganter Schnösel, Sie Möchtegern-Journalist.» Zur Erwiderung komme ich gar nicht erst. «Wenn Sie hier verhaftet werden wollten, dann können Sie das jetzt haben. Sie werden sich noch wundern.»

Dann das kurze Kommando: «Ruf die Polizei.» Ich darf mich nicht von der Stelle rühren. Aha, die Herren tragen Waffen. Zwei Stunden dauert es, bis die Polizei ankommt. Viel Zeit, um sich mit drei unfreundlichen Herren über die Schlechtigkeit der Welt zu unterhalten.

Ob er denn Paul Schäfer sei, frage ich den Mann mit dem Glasauge. «Das geht Sie überhaupt nichts an. Lassen Sie sich erst einmal Manieren beibringen!» Nervös rennt der etwa ein Meter sechzig große Mann um mich herum. «Die heutige Jugend ist verdorben bis ins Mark. Überall in Europa lauern diese Giftspritzen. Man könnte ihnen das

Herz bei lebendigem Leibe herausreißen, das würde nichts nützen. Sie können ja noch nicht einmal etwas dafür.»

«Hier, hier vorne auf der Bank hat mal eine junge Frau übernachtet. Sie dachte, daß sie sich einschleichen kann hier, diese vierundzwanzigjährige Möchtegern-Journalistin. Fragen Sie sie mal, was sie erlebt hat – auf der Polizeistation. Wenn Sie die Meldung von ihrer eigenen Verhaftung haben wollten, bitte schön, das haben Sie jetzt erreicht.»

Die Nummer 642 war auf den schwarzweißen Jeep der Carabineros lackiert. Zwei Polizisten waren aus dem Städtchen Parral hoch zum Lager geschickt worden. Der kleine Dicke mit der Dienstnummer 636 an der Uniformjacke und sein ebenfalls mit einem Maschinengewehr bewaffneter Kollege schlagen vor Paul Schäfer die Hakken zusammen und führen die Hand zum militärischen Gruß an die grünen Mützen. «Don Schäfer» begrüßen sie so, allen anderen, Gerhard Mücke, Hartmut Hopp und einer inzwischen hinzugetretenen Krankenschwester in der Uniform des Deutschen Roten Kreuzes, schütteln sie die Hand.

«Denunzio, Denunzio», meinte Mücke und zeigt auf mich. Anzeige wolle man also erstatten. Dann übernehmen die Beamten meine Bewachung. Sie spielen mit dem Maschinengewehr. Die Dinger sehen beängstigend echt aus, schwarz lackiert, nur vorne am Lauf ist silbrig das blanke Metall zu sehen. Ein Polizist spielt mit dem Magazin und schlägt damit immer auf den Gewehrlauf. Schäfer verschwindet mit Hopp abwechselnd in dem Gebäude zum Telefonieren.

Ein Wimpel der Carabineros hängt hinter Glas gerahmt an der Wand zu dem Holzhaus. Ab und an kommen Bauern aus der Umgebung zum Tor, um sich im Krankenhaus des Lagers behandeln zu lassen. Dann öffnet die Krankenschwester die Tür des Hauses. Die Tür hat keine Türklinke. Sie ist nur mit dem Schlüssel direkt zu öffnen. Hinter der Tür ist im Halbkreis ein langer Vorhang gespannt, damit niemand in den Raum schauen kann. Rechts über der verspiegelten Scheibe die schlechte Imitation eines Sicherungskastens, drei Löcher in der Wand. Dahinter ist ein Kameraobjektiv versteckt. Ein Briefkasten hängt links von der Tür, ganz so, als käme jeden Tag der Postbote hier in der Wildnis vorbeigeradelt, als würde die «Colonia Dignidad» nicht immer schön ihr Postfach Nr. 244 beim Postamt in Parral leeren.

Jeder Patient, der das Gelände der «Colonia Dignidad» betreten will, muß seine Personalpapiere abgeben. Die werden dann im Empfangshaus fotokopiert und einbehalten. Erst wenn man die mit einer Nummer versehene Marke bei der Rückkehr wieder abgibt, erhält man seine Papiere zurück.

Die Bauern wissen schon, daß nur der Verletzte aufgenommen wird, der auch seine Identitätskarte dabei hat. Behandelt wird nur, wer vom Freundeskreis der «Colonia Dignidad» in Parral empfohlen wurde. Mit Unbekannten im Krankenhaus, gleich wie krank, will man nichts zu tun haben.

Auch die Patienten dürfen das Krankenhaus nur nach Aufforderung betreten. In einer Bude vor dem eigentlichen Krankenhaus wurde ein Wartezimmer eingerichtet. Dort gibt es einen Eintopf, draußen kann man sich das Mehl mahlen lassen und Gebäck und Brot aus der «Colonia»-eigenen Bäckerei kaufen. Wer auf den Wegen zwischen Tor 1 und Krankenhaus anhält, der wird rausgeschmissen und nicht mehr behandelt. Extratouren mag man hier nicht. Die Behandlung im Krankenhaus ist kostenlos. Die arme Landbevölkerung, die an die komischen, aber hilfreichen Deutschen glaubt, weiß wahrscheinlich nicht, daß die «Colonia Dignidad» für jeden behandelten Patienten vom chilenischen Gesundheitsministerium eine Kostenerstattung erhält.

Die Bauern haben sich der Macht der «Colonia Dignidad» gefügt. Daß die Deutschen den Weg zu den Anden mit einem Schlagbaum absperren und sogar noch ein Wachhäuschen aufgestellt haben, ganz so, als würde hier eine Staatsgrenze bewacht, sie nehmen es hin. Immerhin mag Diktator Pinochet die obskuren Deutschen. Die Kolonie und die Polizei sind eins. Sektenchef Paul Schäfer konnte zeitweise sogar bestimmen, wer in der Gegend um Parral als Polizist Dienst tun darf.

Irgendwie kommen Schäfer, Hopp und Mücke mit den zwei Carabineros nicht weiter. Der Commandante aus Parral soll her. Ein Polizist fährt los, runter zum Städtchen.

Dr. Hopp krault inzwischen einem deutschen Schäferhund das Fell. «In dieser Gegend gibt es viele Unfälle bei der Kaninchenjagd». Und dann verliert er die Fassung. Wenn ich weiter in meine Fragen «Lügenmärchen über unsere Gemeinschaft» einpacken würde, ja dann, dann würde er mich in den Bach prügeln. «Das können Sie auch gerne zitieren.» Na danke.

Ob Mücke schon die Benzinkanister runter zur Straße gebracht habe, fragt Schäfer grinsend. Und Hopp spielt mit seinem Taschenmesser. Chirurgenhände hat der Herr Doktor nicht. Mit dem dicken

Daumen fährt er über die Messerklinge. Der Polizist spielt am Maschinengewehr herum. Und ich mache mir vor Angst fast in die Hosen.

Auch der Commandante weiß nicht so richtig, was er mit mir anfangen soll. Ein junger Deutscher, der immer nur den Botschafter sprechen will und mit dem Presseausweis herumwedelt. Dazu Freitag, den wütenden «Don Schäfer». So gut beginnt dieses Wochenende nicht. Stundenlang unterhalten sich der Commandante, Schäfer, Mücke und Hopp im Empfangshaus. Es wird telefoniert, von vertrauten Telefonapparaten, Marke Siemens, Modell Deutsche Bundespost, farngrün und grau. Ich strecke weiter die Hände in die Luft.

Irgendwie funktioniert es nicht wie sonst. Ich werde auf die Polizeistation verfrachtet. Fahren darf ich selbst, neben mir ein Polizist und ein freundlicher junger Mann aus der «Colonia Dignidad», der von einer Europa-Reise erzählt, nach deren Abschluß er so gerne wieder hierher zurückgekehrt sei in die «Colonia Dignidad».

Vor mir der Jeep der Polizei. Hinten in dem Polizeiauto sitzt Gerhard Mücke. Er grinst mich durch die Rückscheibe an und freut sich offensichtlich schon auf die Sonderbehandlung für mich, das «Schwein». Er hat sich in der Zwischenzeit umgezogen und trägt nun einen großkarierten Anzug. Die Krankenschwester hatte ihm noch eine weiße Plastiktüte mit auf den Weg gegeben. Hartmut Hopp folgt im beigefarbenen Mercedes.

Gerhard Mücke und Dr. Hopp, der Commandante, zwei Polizisten in Zivil und ein noch ranghöherer Beamter hinter dem Schreibtisch diskutieren in Zimmer 1 der Polizeistation von Parral. Man kennt sich. Ich muß – wohlbewacht – auf dem Flur warten.

Erst mehr als eine Stunde später werde ich dann auch in den Raum gebeten. Setzen darf ich mich nicht. Seit über zehn Stunden werde ich jetzt schon festgehalten. Dr. Hopp übersetzt meine Beschwerde. Den Botschafter könne ich nicht anrufen, protestiere ich, mit keinem Rechtsanwalt telefonieren, stundenlang hätten die Polizisten mit den Vertretern der «Colonia Dignidad» verhandelt. Ich sei mit der Waffe bedroht worden. Schäfer habe mich angegriffen, mit Prügel gedroht. Das alles sei sehr unerfreulich.

Der Leiter der Polizeistation wird freundlicher. Zweimal noch kurbelt er am Telefon herum. Eine Verbindung kann er nicht herstellen. Dann darf ich Platz nehmen. Eine ältere Dame kommt in das Büro. Als Anna de Fuentes wird sie vorgestellt, die als unabhängige Dolmetscherin herbeigerufen worden sei. Die Dame ist sehr unabhängig. Sie und ihr Mann führen den Freundeskreis der «Colonia Dignidad» in Parral.

Dr. Hopp und Gerhard Mücke müssen den Raum verlassen. Was ich denn überhaupt dort oben vorgehabt habe? Ich wollte Paul Schäfer fragen, ob er chilenische Kinder entführt habe? Ob er heute noch Unzucht mit Abhängigen treibe? Ob er noch auf der Fahndungsliste von INTERPOL steht? Wie das mit dem verschwundenen Amerikaner ist und mit den Geheimdienstkontakten und dem geheimen Friedhof und dem Folterlager, dem Stacheldraht, den Besuchen aus Bayern...? Eben was die «Colonia Dignidad» zu allem sagt, was über sie so geschrieben wird – auch in der chilenischen Presse.

Anna de Fuentes ist soviel Neugierde genauso peinlich wie dem Chef der Polizeistation. Die Herren in Zivil schauen sich nur tief in die Augen. Und dann wird mir erklärt, daß nichts davon wahr sei.

Wenn ich jetzt die Videokassette den Vertretern der «Colonia Dignidad» übergeben würde, dann hätte dieser ganze Tag gar nicht stattgefunden. Schwamm drüber, ich sollte diesen Freitag einfach «vergessen». Anna de Fuentes: «Machen Sie das. Das ist das beste für Sie. Dann geschieht Ihnen nichts.»

Ich rücke die Kassette raus. Es ist die erste Verhaftung meines Lebens – und die auch noch in Südamerika. Man weiß ja nie. Doch zu vergessen ist nichts. Statt dessen wird ein ordentliches Protokoll angelegt, unterzeichnet von Dr. Hartmut Hopp, Gerhard Mücke, Anna de Fuentes, dem Chef des Carabinero-Postens und mir. So richtig scheinen die Herrschaften der «Colonia Dignidad» nicht verstehen zu wollen, was da vor sich geht. Sonst ging man bei der Polizei doch immer ganz anders mit Journalisten um. Und nun bietet sich der Chef des Polizeipostens auch noch als Vermittler an. Verdutzt unterschreibt Dr. Hopp eine Quittung für die Videokassette. Gerhard Mücke läßt die Plastiktüte mit den freundlichen Gaben im Polizeirevier. Anna de Fuentes gibt mir den guten Rat, mich doch nicht weiter für das Lager zu interessieren.

Dann bittet der Polizist Dr. Hopp, mich am nächsten Morgen doch zu empfangen. Weshalb sich Dr. Hopp denn nicht etwas zugänglicher zeige, zwinkert er ihn an. Wenigstens die Grenzen des Grundstückes könnte er mir ja zeigen, damit ich von außen Filmaufnahmen machen könnte. Gemeinsam empfahlen Dr. Hopp und der Polizist mir dann ein Hotel in der nächsten Stadt, das «Grand Hotel» in Chillian. Dorthin möge ich mich bitte begeben. Und wohlbeobachtet verbringe ich dort dann auch die nächsten zwei Nächte. Das Telefon will nicht so ganz funktionieren. Freundliche Herren in Zivil halten ein Auge auf mich. Noch zwei Tage soll ich das Vergnügen haben, die «Colonia Dignidad» und die Lagerleitung näher kennenzulernen. Und medizinisch ist der Lagerdoktor auch gefordert. Durchfall hatte ich nach dem aufregenden Tag. Und Dr. Hopp greift in die Lagerapotheke. Er verabreicht mir ein Durchfallmittel.

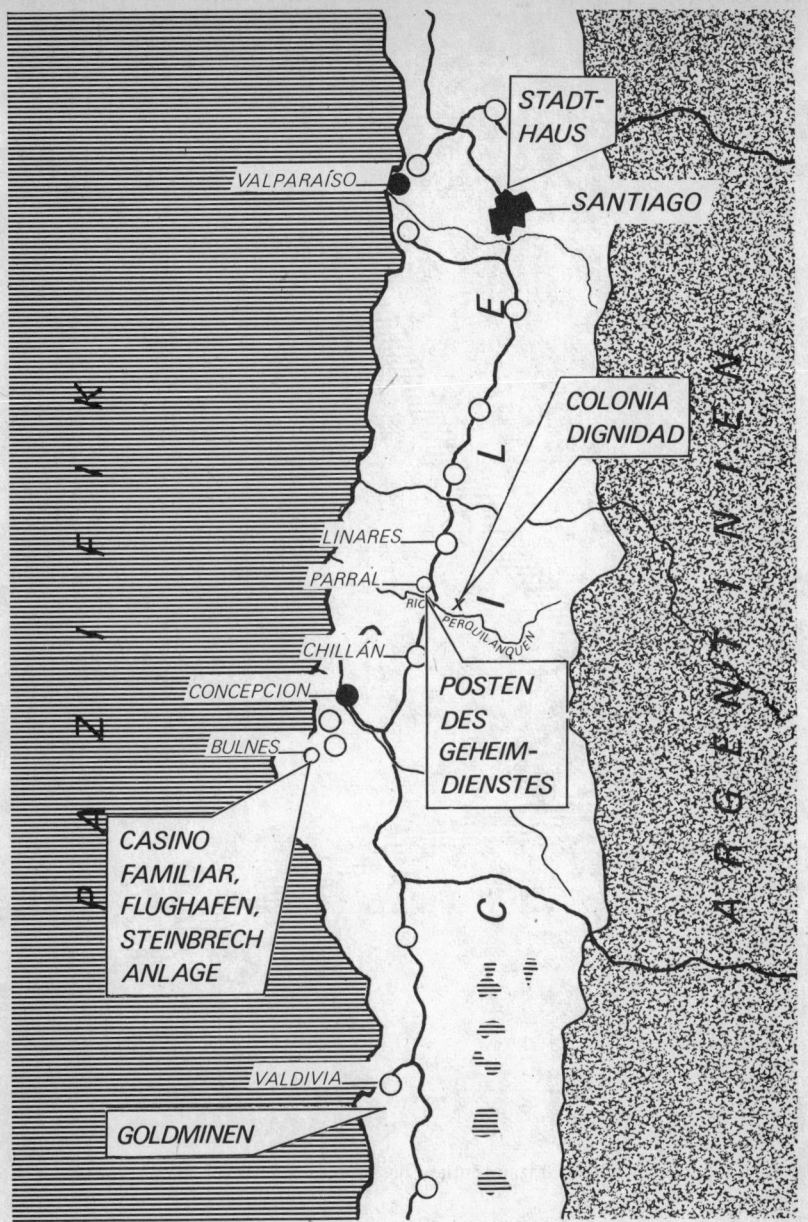

Die Lage der «Colonia Dignidad» und ihrer Einrichtung

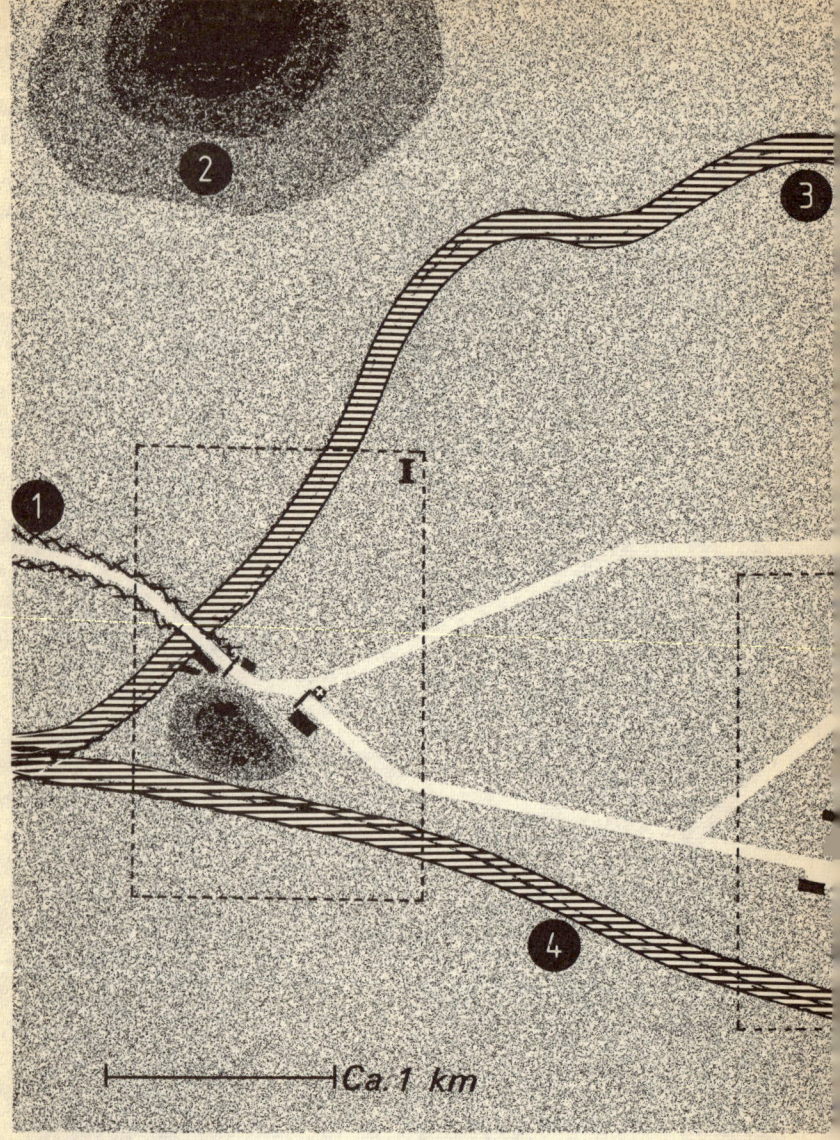

1 Doppelter Stacheldrahtzaun entlang des öffentlichen Weges zum Haupttor
2 Berg Canucalquin
3 Fluß El Lavadero, nach dem das Landgut früher benannt wurde
4 Fluß Perquilauquén – hier kam Ursel Schmittke bei einem Fluchtversuch ums Leben
5 Das «Weizenhaus» – hier wohnen die älteren Frauen

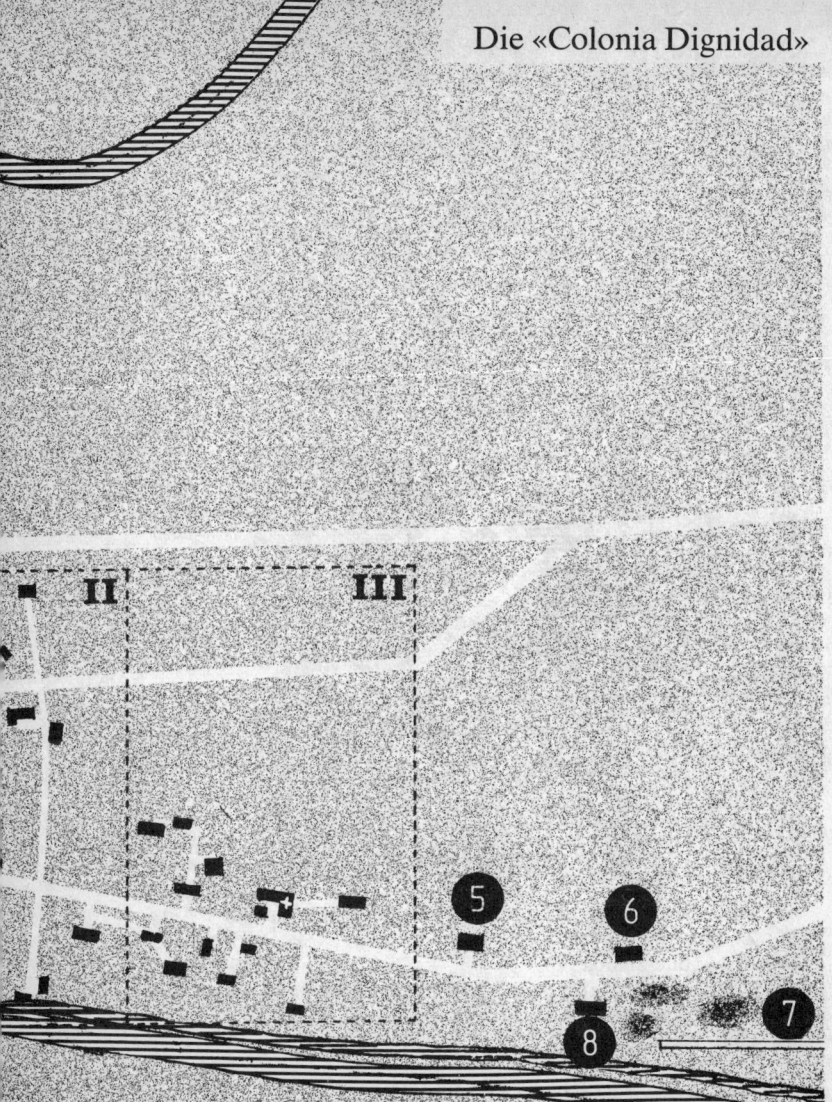

6 Die «Schule» – wird als Gästehaus benutzt

7 Die zwei Kilometer lange Landepiste. Hier können auch Düsen- und Transportmaschinen landen. In der Nähe soll jetzt auch ein «Heliport», ein Hubschrauberlandeplatz, eingerichtet sein

8 Flugzeugschuppen, hier werden Flugzeuge von Besuchern untergestellt und die zwei Flugzeuge des Lagers

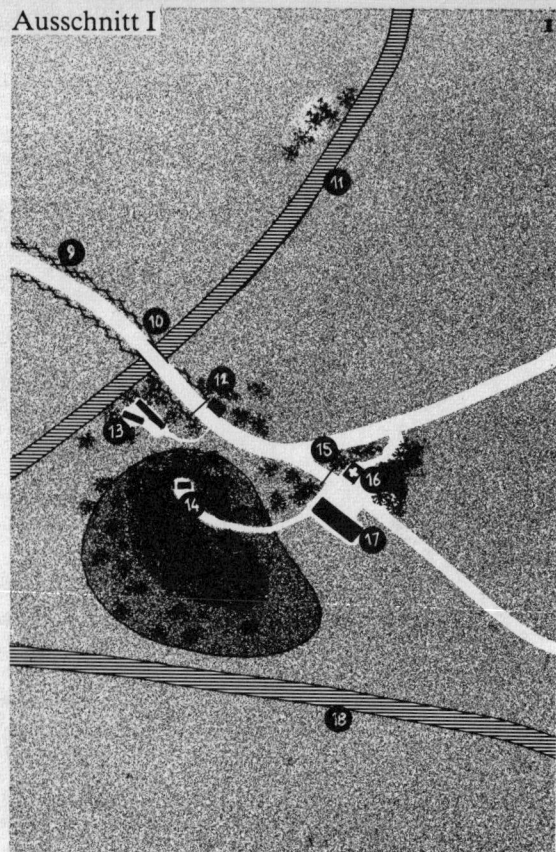

9 Äußere Sicherung des Lagers. Das gesamte Gelände ist mit Stacheldraht umzäumt

10 Die Brücke über den El Lavadero, die Gefangene des chilenischen Geheimdienstes auf dem Weg zu ihrem Foltergefängnis wiedererkannt haben wollen

11 Fluß El Lavadero

12 Haupteingang, automatisches Stahltor

13 Bienenstöcke, in denen Kamera und Mikrofone untergebracht sind

14 «Wächter eins», Wohncontainer, von dem aus das gesamte Gelände beobachtet wird, die Zufahrtswege zum Lager und die Anflugschneise

15 Zweites Eingangstor

16 Erste-Hilfe-Station

17 Scheune, das erste befestigte Gebäude der «Colonia Dignidad», hier parken die schallgedämpften Autos der Patrouillen

18 Fluß «Perquilauquén»

19 Hirschzwinger

20 «Waldhaus» – hier wohnt die Prominenz

21 «Kinderhaus» – hier lebt «Außenminister» Dr. Hartmut Hopp, Gästezimmer

22 «Frei-Haus» – hier hat Sektenchef Paul Schäfer sein stark gesichertes Apartment, hier sind eine Küche und zwei Säle, in denen hohen chilenischen Regierungsmitgliedern Konzerte gegeben werden, und das «Clubzimmer» untergebracht, in denen die Bestrafungen stattfinden

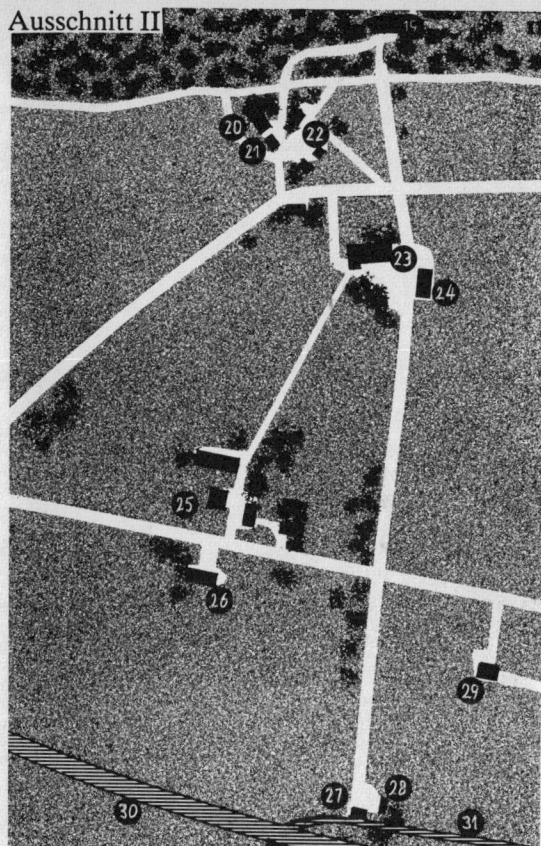

23 «Funkbude» mit 54 Meter hoher Sende- und Empfangsantenne und mit grafischem Labor, in dem Briefbogen, Rechnungen und andere Formulare hergestellt werden können

24 «Zippelhaus» – hier sind das Büro von Dr. Gerd Seewald mit allen Personalakten der Lagerbewohner, den «Seelsorgeakten», das Archiv, das Fernsehstudio und der Film-Schneideraum, die Büros von Lager-«Jurist» Hans-Jürgen Blank und «Präsident» Hermann Schmidt, eine Küche und im Keller Kühlräume untergebracht

25 «Rezeption» – in dem unterkellerten Gebäude sind die Überwachungszentrale, in der alle Telefonleitungen und Informationen zusammenlaufen, Büros und Lagerräume untergebracht

26 «Kartoffelkeller» – in dem Keller wurden Räume eingerichtet und Installationen. Hier gingen immer DINA-Agenten und Sektenmitglieder nachts hin. Vermutlicher Folterort

27 Wasserkraftwerk mit Generator – Gefangene berichteten, daß sie während ihrer Haft immer ein Generatorengeräusch gehört haben

28 Schwimmbassin

29 Halle mit Dreherei, Schmiede, Autowerkstatt, Elektrowerkstatt, Malerwerkstatt und Labors

30 Fluß Perquilauquén

31 Kanal, parallel zum Perquilauquén, der zum Wasserkraftwerk führt

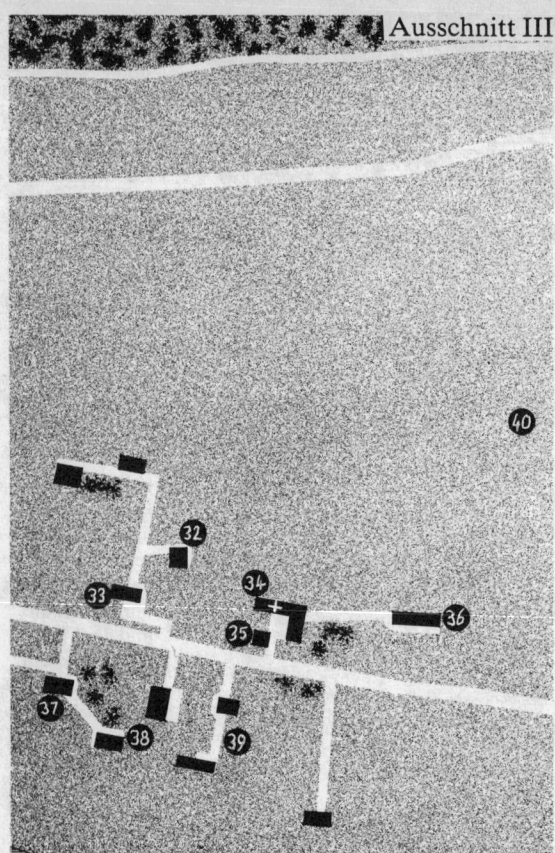

32 «Weizenhaus»
– hier leben die
älteren, männ-
lichen Lager-
bewohner

33 Halle für Om-
nibusse, Last-
wagen, Land-
wirtschaftsma-
schinen

34 Krankenhaus – hier wurden oder werden in Zimmer 9 und 14 in der ersten
Etage die Zwangsbehandlungen mit Elektroschocks und Psychopharmaka
durchgeführt, hier sind die Räume von Lagerärztin Dr. Gisela Seewald, der
Operationssaal, die Apotheke

35 Wartezimmer – in diesem kleinen Haus müssen alle Patienten warten, bis sie
einzeln das eigentliche Krankenhaus betreten dürfen

36 «Neukra» – das sogenannte neue Krankenhaus. Hier leben Lagerbewohner,
sind Büros, Gästezimmer und eine Küche untergebracht

37 Tischlerei und Sägewerk

38 Hühnerfarm

39 Kuhstall

40 Nutzgärten und Felder

Reise ins Paradies
Eine Gemeinde wandert aus

Die Geschichte der «Colonia Dignidad» ist auch ein Stück deutscher Nachkriegsgeschichte. Begonnen hat alles in Siegburg bei Bonn. Paul Schäfer, Jahrgang 1921, wurde hier geboren. Sein bester Freund war der Jahrmarktsgaukler «Danilo». Der hauste mit Hunden und Katzen in einem kleinen Zimmer, führte die dressierten Tiere vor und sammelte danach Groschen. Paul Schäfer half ihm dabei.

In Pirvitsheide bei Lüchow-Dannenberg arbeitete er in einer evangelischen Kirchengemeinde als Jugendpfleger. Allerdings nicht lange, denn schon bald nach seiner Ankunft wunderten sich die Eltern der Konfirmanden über eine eigentümliche Häufung von Erweckungserlebnissen. Jugendpfleger Schäfer brachte den Jugendlichen nicht nur das Evangelium näher, sondern auch sich selbst. Paul Schäfer, homosexuell und pädophil veranlagt, soll schon damals Kindern zu nahe getreten sein. Alfred Matthusen, der heute die Sekte in der Bundesrepublik vertritt, und Paul Schäfers heutiger Leibwächter Gerhard Mücke waren Konfirmanden des Jugendpflegers.

1952 wurde er von der evangelischen Kirche entlassen. Die Entlassung muß ein traumatisches Erlebnis für Paul Schäfer gewesen sein. Er entwickelte ein Schuldbewußtsein, das im Laufe der Zeit paranoide Züge annahm. Er empfand sich als «unmoralisch», er, der mit Bibelzitaten doch so moralisch zu argumentieren verstand und so klar zwischen Gut und Böse, Schwarz und Weiß zu unterscheiden vermochte. Da die Welt um ihn herum ihn nicht akzeptierte, machte Paul Schäfer sich daran, seine eigene Welt zu errichten.

Er wanderte als Laienprediger durch die junge Republik und lernte bei einem Bibelwochenende in Braunschweig einen Profi kennen: Hugo Baar, einen ausgebildeten Baptisten-Prediger. Fasziniert von der Radikalität Paul Schäfers, der Urchristentum forderte, die völlige Unterwerfung unter Gott und im ohnehin strengen Gemeindeleben der Baptisten immer noch nicht das «echte» Leben eines Christen sah, bat Hugo Baar den Laienprediger immer häufiger in seine Gemeinde. Bibel-Wochenenden mit Prediger Schäfer wurden veranstaltet, und Hugo Baar mietete in Gronau einen Kinosaal, um eine «Ton-Bild-Vorführung» mit einer flammenden Predigt Schäfers verbinden zu können. Als Hugo Baar von Salzgitter/Bad in eine Gemeinde nach Gronau wechselte, trat Paul Schäfer bereits regelmäßig bei ihm auf. Schäfer brachte die Gronauer Gemeinde auf Trab, und Hugo Baar half dabei.

Viele Gemeindemitglieder waren Flüchtlinge, aus dem Baltikum, aus Ostpreußen, viele Rußlanddeutsche. Es waren große, kinderreiche Familien, tiefgläubige Christen, die es gelernt hatten, sich Autoritäten widerspruchslos zu unterwerfen, und Handwerker, einfache Leute, die sich vom Kommunismus in ihrer alten Heimat bedroht fühlten. Dabei waren auch viele alleinstehende Frauen, die ihre Männer im Zweiten Weltkrieg verloren hatten. Gemeinden wie die der Baptisten im westfälischen Gronau, in Hamm und Eimsbüttel bei Hamburg wurden zum Familienersatz. Das Gemeindeleben war intensiv, man half sich gegenseitig, besorgte sich Arbeit, unterstützte sich.

In Paul Schäfer fanden die Gemeindemitglieder ihren Führer. Seine derbe Sprache, seine Strenge, seine Autorität – in der verklemmten Atmosphäre der Nachkriegszeit war da einer, der kein Blatt vor den Mund nahm, der schrie und tobte, der Menschen körperlich berührte und eine unheimliche sexuelle Anziehungskraft ausstrahlte. Viele waren von Paul Schäfer fasziniert.

Auch Hugo Baar sammelte die Schäfchen um sich. Der freundliche Charme des Predigers, seine verbindliche Art, das ruhige, aber bestimmte Einfordern von angeblich urchristlichen Geboten und seine Selbstsicherheit verliehen dem eleganten jungen Mann in der Gemeinde eine Aura, die auf viele überzeugend wirkte. Eine ganze Reihe junger Mädchen waren in ihren Prediger heimlich verknallt.

Zuerst wurde von den Gläubigern der Zehnte gefordert. Ein christliches Gebot. Und alle gaben sie den zehnten Teil ihres Einkommens. Dann führte Paul Schäfer, unterstützt von Hugo Baar, die Beichte ein. Gebeichtet werden mußte alles. Paul Schäfer interessierte sich besonders für die vielen kleinen intimen Details, für sexuelle Phantasien, eheliche Verfehlungen, den kleinen Diebstahl, die Jugendsünde, den «schmutzigen Gedanken». Ordentlich wurde über solche Beichten Buch geführt, alles wurde aufgeschrieben. Und bald schon mußten die Gläubigen schriftlich beichten.

Der heutige Gemeindevorsteher Horst Bigalk: «Grundsätzlich mußten wir Baar alles sagen, bis in die intimsten Ehegemeimnisse. So wußte er genau über alles Bescheid, wußte, was früher geschehen war und was laufend geschah. So hatte er bald die Leute voll in der Gewalt. Er stellte einen direkten Absolutheitsanspruch.» Und Edelmut Hamp, auch er Baptisten-Prediger: «Er verlangte absoluten Gehorsam, absolute Selbstoffenbarung – also alles ins Extreme.» Sogar die Träume sollte man erzählen. Hamp: «Die Träume hat er dann als Offenbarung ausgelegt.»

Aus Salzgitter stieß der Damenfrisör Heinz Kuhn zu der Gruppe. In Gronau gründete er eine Firma, nachdem er in Münster die Kaufmannsgehilfenprüfung nachgemacht hatte. Heinz Kuhn war Waise, in Aachen erzkatholisch erzogen, jetzt trat er den Baptisten bei. Frühmorgens fuhr er auf Großmärkte, kaufte und verkaufte Obst und Gemüse, die Gewinne gingen an Paul Schäfer. Auch Alfred Schaak, der im Wohnzimmer mit Seifen, Cremes und Bürsten handelte, stieß zu der Gruppe. Beide taten sich auf Weisung Paul Schäfers zusammen und bildeten die Firma «Schaak und Kuhn», die heute unter dem Namen «Schaak OHG» vom Südweg 32 in Hennef bei Siegburg das deutsche Bein der Sekte bildet.

Ursel Schwöll und ihre Schwester Christel waren Gemeindemitglieder. Ursel – die mir bei meinem Besuch in der Kolonie vorgeführt wurde, um zu demonstrieren, daß sie, anders als die Schwester glaube, freiwillig in der Kolonie lebe – arbeitete als Lampenschirmnäherin in der Lampen- und Elektrogroßhandlung von Reinhold Müller in Gronau. Die Frau des Firmeninhabers – sie lebt heute zusammen mit einigen ihrer Kinder in Chile, nachdem sie sich von ihrem Mann hat scheiden lassen – war eine überzeugte Schäfer-Anhängerin. Aus Hamburg gesellten sich der ehemalige Luftwaffenoffizier Hermann Schmidt hinzu, die Kinderärztin Dr. med. Gisela Seewald und ihr Mann Dr. Gerd Seewald, Autor eines umfangreichen «Lexikons zur Bibel», erschienen im Brockhaus-Verlag.

Paul Schäfer, die Halbwaise aus Siegburg, war inzwischen in Gronau zum kleinen Star geworden. Wer ihm nicht folgte, war von Gott abgefallen. Mit großer Professionalität installierte Paul Schäfer, unterstützt von Hugo Baar, ein System, das später in Chile zur Gehirnwäsche und Entpersönlichung perfektioniert wurde.

Die Gläubigen wurden erpreßt. Alles, was sie dem Prediger anvertraut hatten, ließ sich bei passender Gelegenheit gegen sie verwenden. Der Zehnte reichte schon lange nicht mehr. Für Gott und Schäfer mußten die Gläubigen immer mehr abgeben. Das Prediger-

Paul Schäfer, 1959

gespann Baar und Schäfer schickte Gläubige quer durch die Republik, Gemeindemitglieder mußten – ohne Lohn, versteht sich – bei anderen Gemeindemitgliedern arbeiten. Auch der Geschäftsmann Heinz Kuhn zog los, predigte und warb neue Gemeindemitglieder.

«Die Welt um uns ist schlecht» war einer der Schäferschen Kernsätze. Die wirklichen Christen, nämlich die, die gemeinsam mit ihm das Wissen um die Ankunft Jesu auf Erden haben, würden schließlich auch mit dem ewigen Leben belohnt. Alle anderen «schlechteren» Christen würden unweigerlich untergehen. Man sei auserwählt. Anfeindungen von außen, das Belächeltwerden, alles wurde als Zeichen dafür gedeutet, daß die Umwelt schon viel zu verdorben sei. Und Paul Schäfer, so machte er den Gläubigen weis, wußte, wann Jesus zur Erde hinabsteigt. Man fühlte sich auserwählt, aber verfolgt.

Wolfgang Müller, der schon als Kind zur Sekte kam: «Es ging in erster Linie darum, uns Insassen, uns Jugendlichen und auch Erwachsenen ein Gefühl zu vermitteln, daß wir auf dem rechten Weg des Glaubens uns befinden, während die Weltlichen draußen sich auf den Abgrund zubewegen. Das machte aus uns erst einmal Menschen besonderer Klasse. Und dieses Gefühl, besser im Gespräch mit Gott zu sein, hat den einen oder anderen wahrscheinlich auch dazu bewogen, über gewisse Mißstände hinwegzusehen oder das auf sich zu nehmen, was man verlangte.»

Das ging nicht lange gut. In der Gemeinde regte sich Protest. An Sonntagen prügelten sich Schäfer-Gefolgsleute mit weniger radikalen Gemeindemitgliedern. Die Polizei mußte zu Hilfe gerufen werden. Lautstark wurde um das Gotteshaus gekämpft. Einmal vernagelte die Schäfergruppe sogar die Tür zur Kapelle. Von den 93 Ehepaaren der evangelisch-freikirchlichen Gemeinde in Gronau gingen nach der Spaltung 35 Ehepaare zur Gruppe Baar über.

«Eines Abends kommt Hugo Baar spät zu mir mit zwei Mädchen in die Wohnung. Er setzt sich in einen Stuhl, und da setzt sich schon eines der Mädchen vor ihn, zieht ihm die Strümpfe und Schuhe aus und putzt ihm intensiv die Zehennägel», berichtete damals der Schuhmacher Brettschneider. Hugo Baar bestimmte, was gut und böse war. Wer sich einen Anzug kaufen wollte oder ein neues Paar Schuhe, wer in Urlaub fahren wollte, wo die Kinder zur Schule gehen sollten, immer mußte Hugo Baar um Erlaubnis gefragt werden. Reinhold Müller: «Es war selbstverständlich, daß alles in den sogenannten Brüderstunden erörtert wurde, zum Beispiel wenn irgend jemand eine größere Anschaffung machen wollte. Es ging nachher so weit, daß man Baar nicht nur bei größeren Anschaffungen vorher fragte, sondern auch bei kleineren Anschaffungen. Es war selbstverständlich, daß jemand, der sich einen Anzug kaufen wollte, erst einmal zu Baar gehen und sagen mußte: ‹Ich brauche einen Anzug.› Dann fragte Baar: ‹Ja, hast du denn dafür ein Zeugnis? Hast du denn von Gott das Zeugnis, daß du dir einen Anzug kaufen sollst? Darüber wollen wir jetzt mal reden...›» Der Prediger kümmerte sich auch um das Sexualleben der Sektenmitglieder. «Hugo Baar verlangte, daß der eheliche Verkehr an empfängnisfreien Tagen stattfinden sollte, und verbot Verhütungsmittel», so ein ehemaliges Sektenmitglied.

Wer sich von Baar oder Schäfer lossagte, der war ein «Abgefallener». «Wenn dein Ehepartner aber von Gott abgefallen ist», so Hugo Baar damals, «bist du praktisch frei.» Die Frau hatte dem Mann untertan zu sein. Der Baptist Horst Bigalk: «Der Mann ist das Haupt der Familie, und die Frau hat sich zu fügen und hat das zu tun, was der Mann sagt.» Wenn aber der Ehemann nicht zu Baars Gefolgschaft gehörte, hatte nur noch Gott das Sagen: «Dann hast du mit deinem Ehepartner auch nichts mehr zu tun!» Die Frauen sollten im Gehorsam zu Baars «Verkündigung» die Ehescheidung einreichen.

Horst Bigalk: «Aber damit sie vor Gericht auch die Prozesse gewannen, wurden diese Menschen beeinflußt, daß sie ihre Ehepartner so lange schikanierten, bis diesen der Geduldsfaden riß und sie sich tatsächlich zu Handlungen im Affekt verleiten ließen, die die Scheidung ermöglichten. Die Frauen konnten dann vor Gericht gehen und sagen: ‹Mein Mann hat mich geschlagen.›» Manche Frauen hielten es monatelang durch, mit ihren «von Gott abgefallenen» Ehemännern nicht einmal mehr ein Wort zu wechseln. Wenn es dann zum Prozeß kam, saß auf der Zeugenbank ein milde lächelnder Geistlicher: Hugo Baar.

Die Ratschläge des Predigers wurden beherzigt. In der 356-Seelen-Gemeinde des westfälischen Städtchens waren bald zwei Ehen geschieden, vierzehn Eheleute lebten getrennt voneinander. In Hamburg, wo Baar und Schäfer immer wieder zu Bibelstunden auftauchten, ging's nach der Predigt ebenfalls zum Scheidungsrichter. Um Frau und Kinder kümmerte sich dann das Predigergespann. Zeitweise wurde in Gronau in der Vereinsstraße 287 ein «Frauenhaus» geführt, in dem die Frauen, die auf den Rat der Sekte hin ihre Ehemänner verlassen hatten, Unterschlupf fanden.

Nach soviel Unfrieden im Namen Gottes strich der Bund freikirchlicher Gemeinden Hugo Baar von seiner Predigerliste. Hugo Baar mußte die Baptistengemeinde in Gronau verlassen. Am 31. 12. 1959 erhielt er die Kündigung. Er zog nach Siegburg, an den Geburtsort Paul Schäfers. Die «Private Sociale Mission» wurde gegründet, die sich, so die Satzung, um die «Aufnahme von gefährdeten und bedürftigen Jugendlichen» kümmern sollte. «Waisen» wollte man helfen.

In einem abgelegenen Winkel von Siegburg, in Lohmar-Heide, errichtete die Gruppe ein «Missionshaus». Am Wochenende kamen Sektenmitglieder nach Siegburg, um freiwillig auf der Baustelle mitzuarbeiten. Paul Schäfer verschickte hektographierte Flugblätter an die Gemeindemitglieder und bettelte um Spenden.

Offizieller Leiter des Missionshauses war Hugo Baar. Die Sitten waren streng: Keine Intimitäten, kein Kino, kein Alkohol. Günther Bohnau: «Das fing schon früh an mit den ganzen Sicherungseinrichtungen. Das Eingangstor konnte nur von innen geöffnet werden. Es gab eine Gegensprechanlage und eine hohe Mauer drumrum. Niemand durfte das Gelände ohne Genehmigung verlassen.»

Als Christel Schwöll ihre Schwester Ursel in Siegburg im Missionshaus besuchen wollte, durfte sie noch nicht einmal das Grundstück betreten. Über eine Gegensprechanlage wurde ihr erklärt, ihre Schwester sei nicht da. Außerdem wünsche sie keinen Besuch. Ein anderesmal wurde Christel Schwöll zwar zu ihrer Schwester vorgelassen, durfte sich aber nicht allein mit ihr unterhalten. «Immer stand irgend jemand dabei. Frauen und Männer waren voneinander getrennt. Alle hatten so einen dummen Ausdruck im Gesicht und lachten immer nur blöde vor sich hin. Es war ganz komisch.» Ihre Schwester wollte bleiben. Nein, sie fühle sich wohl da. «Die Frauen wurden wie der letzte Dreck behandelt.» Wer wo was zu tun hatte, bestimmten die Sekten-Chefs. Günther Bohnau arbeitete damals als Maurerlehrling. Wenn er von der Baustelle kam, ging es in Siegburg weiter.

«Einmal kam der Schäfer und wollte, daß ich einen Gebetsbunker baue im Keller aus Stahlbeton.» Bei den Gebeten ging es laut zu. Günther Bohnau: «Wir mußten dann immer Trompete spielen, damit die Nachbarn nichts mitbekamen.» Ihm kam das alles nicht geheuer vor: «Die redeten mit fremden Zungen. Man konnte gar nichts richtig verstehen. Die sprachen immer nur so im Rachen. Es war gespenstisch. Mir klingen da einige Worte noch in den Ohren: Rastalamonti, Nastri, Nastri, Urrabani.» Teufelsaustreibungen nannte Schäfer: «den Teufel blamieren».

Wolfgang Müller: «Ich habe an Gott geglaubt, ich habe an die Allmacht seines Wissens geglaubt – das ist uns zumindest so erzählt worden. Und das hat den Effekt gehabt, daß ich eigentlich immer das Gefühl hatte, ständig beobachtet zu werden. Nicht nur daß wir innerhalb der Gruppe einem gewissen Überwachungssystem ausgeliefert waren, weil jeder von jedem wußte, was er gerade tat. Durch die Beichte, die ja für alle Pflicht war, war man wiederum in seinen Gedanken und Gefühlen dem Paul Schäfer ausgeliefert. Und dann kam als nächster Faktor dieser Übervater Gott hinzu, der also von oben auch noch mit dem drohenden Finger kam. Religion habe ich mehr als Bedrohung empfunden.»

Das Blut Jesu wurde angerufen, Teufelsaustreibungen fanden statt. Die Prediger deuteten die Träume der Sektenmitglieder. Fast immer waren Frauen die Opfer der Teufelsaustreibungen. Reinhold Müller: «Mißhandelt wurden nur die Mädchen! Und das war für uns auch der erste Anlaß zu vermuten, daß mit dem Mann (Schäfer, G. G.) irgend etwas nicht in Ordnung war... Achtzehn-, zwanzig- und vierundzwanzigjährige Mädchen mußten sich vor diesen Rüpels über den Stuhl legen und dann haben die Schinkenklopfen gemacht. In Wirklichkeit war das eine Maßnahme, um sie zu strafen. Das war eine perverse Sache.» Niemand durfte mehr allein sein, das Privatleben wurde nach und nach abgeschafft.

In Gronau wurden weitere Seelen gewonnen. Hugo Baar forderte die Jugendlichen auf, nach Siegburg zu kommen, um in der Großgemeinschaft zu arbeiten, beim Aufbau des Heimes mitzuhelfen und ihre Lehrlingslöhne für die gute Sache, versteht sich, abzugeben. Reinhold Müller: «Der Baar predigte in Gronau, daß der Schäfer besser zu den Kindern ist, als eine Mutter es sein kann. Unter den Müttern ist es zu herzzerreißenden Szenen gekommen. Die Mütter wurden ständig bearbeitet und in solche Angst versetzt, daß sie ihm einfach gehorchten.» Verzweifelte Mütter, wie die Frau des Sektenanhängers Gerlach, wollten sich vor einen Zug werfen, nachdem ihr Mann ihr mitgeteilt hatte: «Wenn die Kinder groß sind, kommen sie sowieso weg.»

Den Eltern wurde erklärt, daß ihre Kinder es doch im Missionshaus besser hätten als zu Hause. Die «Private Sociale Mission», so das Versprechen, würde für eine anständige Ausbildung sorgen. Manche Kinder sollten sogar das Gymnasium besuchen.

Die im «Heim» aufgenommenen «Waisen» waren zumeist Kinder von Sektenangehörigen. Wolfgang Müller zum Beispiel. Der damals Zwölfjährige wurde von seiner Mutter in den Sommerferien nach Siegburg geschickt. Die alleinerziehende Mutter war froh, daß sie ihrem Sohn eine Urlaubsreise ermöglichen konnte. Wolfgang Müllers Tante hatte den Trip ins Missionshaus vorgeschlagen. Sie ware eine Schäfer-Anhängerin. Wolfgang Müller blieb in Siegburg. Ob er wollte oder nicht.

Später erhielt die Mission für ihre «Jugendfürsorge» die Anerkennung als gemeinnütziger Verein. Im März 1968 teilte das Finanzamt Siegburg unter der Steuernummer 132/442 dem Herrn Hugo Baar der «Privaten Socialen Mission» den Körperschaftssteuerfeststellungsbescheid für das Jahr 1965 mit: «Die Private Sociale Mission, Siegburg, An den Mühlen 1, ist wegen der Förderung der Jugendpflege und Jugendfürsorge sowie der Altersfürsorge als ausschließlich und unmittelbar gemeinnützigen Zwecken dienend nach § 4 Absatz 1 Ziffer 6 KstG von der Körperschaftssteuer befreit.» Spenden an die Körperschaft, so das Finanzamt, seien abzugsfähig, wenn sie gemeinnützigen Zielen dienten. Vorgelegt hatte die «Private Sociale Mission» eine Satzung vom 2. 1. 1958. Demnach habe sich der Verein, der «ausschließlich und unmittelbar gemeinnützige, mildtätige Zwecke erfüllt», zur Aufgabe gestellt:

«a) Minderbemittelten und Erholungsbedürftigen äußere und innere Hilfe zu leisten;

b) Aufnahme von gefährdeten und bedürftigen Jugendlichen ins Missionshaus;

c) Jugendlichen und Erwachsenen Ferien- und Freizeitaufenthalt zu vermitteln».

Auch die Väter und Mütter der betroffenen Kinder glaubten den Sekten-Führern soviel Fürsorge. Wer zweifelte, wie zum Beispiel Reinhold Müller, dem wurde der Besitzanspruch der Sekte auf die Kinder anders klargemacht. Müller, der inzwischen von seiner Frau getrennt lebte, hatte das Sorgerecht für seine Tochter zugesprochen bekommen. Eines Tages rief der Schulleiter der Volksschule an und beschwerte sich. Ständig würden irgendwelche Männer vor dem Schulhof dem kleinen Mädchen auflauern. Reinhold Müller: «Und ständig wurde sie von den Leuten der Baar-Gruppe beobachtet. Die versuchten, ihr den Schulweg abzuschneiden. Eines Tages kam sie keuchend nach Hause und sagte: ‹Papa, ich mußte mich wieder verstecken, die waren mit dem Wagen dort!›» Hugo Baars grauer Mercedes 220 war bald gefürchtet in Gronau.

1961 kam die Polizei. Zwei Jungen hatten ihren Eltern erzählt, daß Paul Schäfer sich an ihnen vergangen hätte. Die Polizei ermittelte unter dem Aktenzeichen 173/61 wegen Unzucht mit Abhängigen. Paul Schäfer war ein alter Bekannter. Dem Zugriff der Polizei entzog er sich.

Kurz zuvor hatte er zusammen mit dem ehemaligen Luftwaffenoffizier Schmidt und Hugo Baar eine Afrikareise angetreten. Schäfer flog, die zwei Getreuen fuhren mit dem Auto nach. «Armenarbeit» wollten die drei in Israel, Syrien und Ägypten studieren. Aus Ägypten brachte sich Paul Schäfer den damals zwölfjährigen Sohn eines armen

Postbeamten mit: Hussein Siam. Paul Schäfer sammelte Knaben um sich.

Deutschen Boden betrat er vorerst nicht mehr. Hugo Baar erklärte alles für Verleumdung und behauptete, einen Paul Schäfer gäbe es nicht mehr in Siegburg. Die von der Polizei für den nächsten Tag zum Verhör vorgeladenen Jungen wurden in der Nacht nach Belgien gebracht. In einem Restaurant trafen sie bei Kakao und Kuchen den geflohenen Paul Schäfer, der sich nicht mehr über die Grenze traute. Schäfer beschwor die Kinder, den Polizeibeamten nichts, aber auch gar nichts zu sagen. Man werde bald eine schöne Reise antreten. Zum Paradies.

Obwohl offiziell gegen Paul Schäfer Haftbefehl erlassen wurde, konnte sich die Sekte auf ihre Massenauswanderung nach Chile vorbereiten.

Der damalige chilenische Botschafter in Bonn, Arturo Maschke, hatte der Sekte den Andenstaat als neues Wirkungsfeld angeraten, das Bundesministerium schrieb einen Empfehlungsbrief, und der Bürgermeister von Siegburg, Adolf Herkenrath, heute CDU-Abgeordneter, ließ sich nicht davon abbringen, daß es sich bei Paul Schäfers Truppen um einen wohltätigen Verein handle.

Und heute klingt der offizielle Lebenslauf von Paul Schäfer in Chile so: «Von Haus aus Psychologe, ist er ledig, leitete vor dem Krieg eine Jugendbewegung, ähnlich den Pfadfindern, ist Anti-Nazi und arbeitete während des Krieges als Sanitäter. Er gründete 1957 zusammen mit einigen Freunden die Private Sozialmission, danach leitete er die Jugendherberge dieser Körperschaft in Siegburg.» Der «Psychologe» Paul Schäfer hat weder Abitur noch jemals studiert.

Die Schwesternschaft Bonn des Deutschen Roten Kreuzes bildete mehrere Mitglieder der «Privaten Socialen Mission e. V.» als Krankenschwester oder Schwesternhelferin aus. Die ehemalige Beamtin im Bundespostministerium, Dorothea Witthan zum Beispiel, verzichtete auf ihren Pensionsanspruch und ließ sich als Krankenschwester umschulen. Noch heute besteht so zum Krankenhaus Bonn-Beuel ein enger freundschaftlicher Kontakt. Dorothea Witthan, «Dorchen», ist heute mit dem Außenminister der Sekte, mit Dr. Hartmut Hopp, verheiratet.

«Meinen Eltern wurde wie allen anderen erzählt, daß Paul Schäfer geträumt habe, daß bald der Russe komme und daß Deutschland schon verloren sei.» Der Krieg, so wurde den Eltern von Günther

Aus der Anfangszeit der «Gemeinschaft», 1959

Bohnau erzählt, sei nicht mehr zu verhindern. Die strenggläubigen Sektenmitglieder waren entsetzt. Denn Antikommunisten waren sie alle. Das Paradies sei in Chile. Nur mit der Auswanderung dorthin könne man dem drohenden Chaos entgehen.

Dann wurden die Sektenmitglieder aufgefordert, ihre Reisepässe zu besorgen. Baar erschien bei den noch in Gronau lebenden Eltern der im Siegburger Heim untergebrachten Kinder und Jugendlichen. Reinhold Müller: «Eines Tages kam Herr Baar und fordertes sie (Müllers Frau, G. G.) auf, sie solle ihm eine Unterschrift geben für die Ausstellung eines Reisepasses. Er sagte ihr, diese Pässe könnten früher oder später gebraucht werden. Das war zu einer Zeit, als man hier in Gronau von den Auswanderungsplänen noch gar nichts wußte.» In einer noch heute von Prediger Baar als «urdemokratisch» beschriebenen Zeremonie wurden die Sektenmitglieder dann nach ihrem Ausreisewunsch befragt. Jeder mußte vortreten und ein Kreuz auf einer Liste machen. «Dann wurden meinem Vater einfach fünfzehn Blatt weißes Papier hingehalten, die er unterschreiben sollte. Später habe ich dann erfahren, daß mein Vater seine Häuser, einfach alle der Sekte vermacht hat.» Wie Günther Bohnau ging es fast allen Sektenmitgliedern.

Mit bürokratischem Geschick organisierten die Geschäftsleute Schaak und Kuhn, aber auch Prediger Baar den Verkauf von Häusern, die Auflösung von Lebensversicherungsverträgen, die Überschreibung von Sparbüchern. Nichts war vor der Sekte sicher. Wer Rentenansprüche erworben hatte, der mußte seine Ansprüche der Sekte übertragen. Die Ersparnisse wurden den Sektenführern angeblich für die Waisenarbeit der Gruppe abgeliefert, Autos wurden verkauft. Der gemeinnützige Verein «Private Sociale Mission e. V.» allerdings wurde dadurch nicht reicher. Viel Geld floß auf Privatkonten. Immer wurde mit ein und demselben Rechtsanwalt und einem bestimmten Notar zusammengearbeitet. Und immer wieder wunderten sich später Angehörige und Sektenmitglieder, was sie da alles unterschrieben haben sollten. Die Gruppe war inzwischen auch ökonomisch gewachsen. Mehrere Drogerien und Lebensmittelgeschäfte unterhielt die Firma «Schaak & Kuhn» in Siegburg und Umgebung. Und noch heute kann man in Siegburg Andenhonig aus der «Colonia Dignidad» kaufen.

Nach und nach wurden dann die Sektenmitglieder außer Landes geschafft. Zwar waren Massenauswanderungen verboten, doch unterstützt vom Siegburger Bürgermeister, dem Bundesfamilienministerium und der chilenischen Botschaft, war das das geringste Hindernis. Hugo Baar brachte die Gruppen zum Schiff nach Genua. Handwerker, die in Chile besonders dringend benötigt wurden, wurden gleich nach Frankfurt oder Luxemburg zum Flugzeug gebracht. Den Eltern der im «Missionshaus» untergebrachten Kindern, wurde erzählt, ihre Kinder unternähmen eine Reise nach Dänemark, um dort mit dem Orchester der Sekte aufzutreten. Auch Wolfgang Müller verschwand so nach Chile. Seine Mutter erfuhr erst davon, als es schon zu spät war.

In Deutschland kamen wenig später Luftpostbriefe an. «Mutti! Du wirst erstaunt sein, einen Luftpostbrief von mir zu erhalten! Ich bin bereits auf hoher See. Wenn Du in Zukunft keine Post von mir bekommst, sieh es bitte als normal an.» So oder ähnlich lauteten alle Briefe. Abgestempelt waren die angeblich auf einem Schiff geschriebenen «Luftpostbriefe» in Siegburg.

Für 900 000 Mark wurde das Missionshaus in Lohmar-Heide bei Siegburg schließlich verkauft. An die deutsche Bundeswehr.

«Arbeit ist Gottesdienst»
Das Lager

In Südchile hatten Abgesandte der Sekte inzwischen von einer italienischen Siedlungsgesellschaft das Fundo «El Lavadero», ein Teilgut des Gutes «San Manuel», gekauft, ein verfallenes Landgut am Fuß der Anden, in unwegsamem, kaum erschlossenem Gelände, 1800 Quadratmeter groß.

Die Deutschen wurden in dem südamerikanischen Küstenstaat wie kleine Könige aufgenommen. Chile, schon seit über einem Jahrhundert Einwanderungsland für Deutsche, benötigte Hilfe. Und wer sich da anbot, als sozialer Verein die Not und die Armut zu lindern, für den wurde gerne ein Auge zugedrückt. Die Skandale in Deutschland? In Chile war die religiöse Gruppe aus der Bundesrepublik nichts anderes als ein Haufen gutmeinender, biederer und seriöser Herrschaften, die ihr Leben Gott gewidmet hatten. Zudem hatte ja der chilenische Botschafter die Sekte aufs freundlichste empfohlen.

Am 21. September 1961 wurde der «Sociedad Benefactora y Educacional Dignidad» durch Dekret Nr. 3949 des chilenischen Justizministeriums die juristische Person verliehen. Die «Colonia Dignidad» war gegründet. Den Namen hatte ein ahnungsloser Deutsch-Chilene erfunden, der Jude Rudi Cohen. Dem, wie allen anderen Neugierigen, hatten die Neuankömmlinge wie Luftwaffenoffizier Hermann Schmidt erzählt, sie seien Kriegsflüchtlinge, Verfolgte des Nazi-Regimes. «Der eigentliche Impuls unserer Bemühungen liegt hinter schweigendem Entsetzen und stummer Verzweiflung. (...) Die Initiatoren kommen aus einer Zeit und aus einem Land, in welchem sich die Auflösung aller materiellen, geistigen und ethischen Werte vollzogen hatte. Sie kommen aus einem Werde- und Gärungsprozeß, aus welchem sich allein der nackte Mensch ausgeschieden hatte», schrieb die «Colonia Dignidad» noch 15 Jahre später in einer Broschüre.

«Es sind Menschen, die (...) diese end-menschlichen Konsequenzen überlebt haben und in tiefer Verantwortung den Ärmsten, wo es auch sei, umfassend zu helfen sich entschlossen.»

Auf dem Fundo «El Lavadero» wurden große Zelte errichtet und ein Holzschuppen. Der Wald wurde gerodet. Die Zwangsarbeit begann, sechzehn Stunden am Tag. Auf einem Lieferwagen wurden große Lautsprecher installiert; zur Arbeit gab es Marschmusik und das gesamte Repertoire der «Mundorgel». «Die wilden Gesellen, vom Sturmwind durchweht» wurden besungen, der Radetzki-Marsch aufgespielt, Choräle und Preußens Gloria. Später hielt Dr. Seewald in der knapp bemessenen Freizeit kurze Vorträge, in denen er über die politische Lage referierte. Für Bibelstunden war bald keine Zeit mehr.

Wurzelstümpfe und Steine wurden aus den Äckern gegraben, ein Bach kanalisiert, Fundamente ausgehoben. Ziegelsteine produzierte die «Colonia Dignidad» selbst, eine eigene Zimmermannswerkstatt wurde aufgebaut, eine Schmiede. Nach und nach entstand ein kleines Dorf mit allen notwendigen Handwerksbetrieben. Darunter auch ein kleines Betonwerk, in dem die Betonpfeiler für die Stacheldraht-zäune gegossen wurden, hinter denen dann die Sektenmitglieder verschwanden.

Persönlichen Besitz durften die Kolonie-Mitglieder schon lange nicht mehr haben. Geschlafen wurde in ausrangierten Krankenhaus-betten auf mit Stroh gefüllten Matratzen. Am Sonntag, der anfangs noch nicht – wie später – vom Kalender gestrichen war, gab es Kaninchen- oder Hasenbraten, sonst immer Eintopf. Und auch optisch wurde die Kolonie immer mehr zum Straflager. Die Kolonisten trugen notdürftig zusammengebastelte Schuhe, deren Sohlen aus alten Autoreifen herausgeschnitten wurden. Wer als fluchtgefährdet galt, mußte am Tag auffällige, rote Kleidung und in der Nacht weiße Kleidung tragen. Die Schuhe hatten ein deutliches Profil, zwei gegeneinanderliegende Halbkreise.

Zu den ursprünglichen 1800 Hektar wurden nach und nach weitere Grundstücke erworben. Heute umfaßt das ehemalige Teilerbgut «El Lavadero» über 5000 Hektar. Ein Nutzwald mit 550 Hektar Kiefern und Tannen wurde angelegt. 800 Hektar landwirtschaftlichen Boden, auf dem Weizen, Roggen, Hafer und Mais angebaut werden, beackert die «Colonia Dignidad» heute in den Vorkordilleren.

«Arbeit ist Gottesdienst», heißt das Credo der «Colonia Dignidad». Gearbeitet wird sechzehn Stunden am Tag, auch nachts. Lohn gibt es nicht, Kranken-, Sozial- oder Arbeitslosenversicherung gibt es nicht, und auch die Sonn- und Feiertage wurden abgeschafft, ebenso wie Weihnachten.

An einem Heiligen Abend, Anfang der siebziger Jahre, wurde der Weihnachtsmann ersäuft. Ein Geselle von Gerhard Mücke, verklei-

Es hatte geregnet, die Kinder hatten nasse
Füße Sieglinde auch. Sieglinde bekam von
Tante Paula eine Strumpfhose. Als ihre Strümpfe wieder trocken waren zog sie die Strumpfhose wieder aus und die Strümpfe an. Sie
wollte die Strumpfhose Tante Paula zurück
geben, kommt vorher zu mir und fragt:
„kann ich die Strumpfhose der Tante Paula
so wieder geben oder muß ich sie erst was-
schen? Ist sie denn sauber oder schmutzig?
Sie hatte die Strumpfhose in der Hand und
zeigte sie mir. Ich sah daß die Füße schmutzig
waren und sagte. Kannst du denn nicht selber
sehen ob die Strumpfhose schmutzig oder sauber
ist? doch. Ich sagte: „schämst du dich denn garnicht mit so einer schmutzigen Strumpfhose
fragen zu kommen ob Tante Paula sie so wieder
in den Schrank legen kann. Das mußt du doch
mit deinen 13 Jahren schon wissen daß keine
schmutzige Wäsche in den Schrank kann.
Hoffentlich hast du sie bald ausgewaschen. Etwa
eine ½ Stunde später begegnete mir Sieglinde
an der Kinderhaustür. Sie sagte: „Tante Ingrid
ich möchte mich entschuldigen wegen der Strumpfhose. Ich habe sie mir garnicht richtig angeguckt,
bin gleich damit zu dir gekommen, das war
nicht richtig. Ja, sagte ich, angucken mußt
du dir die Sachen schon ehe du fragen
kommst, sonst meine ich du wärst eine alte
Schlampe. Das bin ich auch sagte sie. Aber
das braucht ja nicht so bleiben anwortete ich
und ließ sie stehen.

Aus den Beichtheften

det als Weihnachtsmann, ruderte in einem Boot über den an das Lager grenzenden Fluß, stürzte sich ins Wasser und tauchte unter. «Der
Weihnachtsmann», verkündete Paul Schäfer, «ist tot.» Triefend stieg
der Geselle, der sich unter Wasser seiner Verkleidung entledigt hatte,
dann wieder aus dem Fluß. Seitdem wird in der ehemals religiösen
Sekte kein christlicher Feiertag mehr begangen, auch kein Geburtstag
mehr.

In der «Colonia Dignidad» leben heute etwa 350 Menschen, dar-

2.8. Gabriele Schmidtke.

(27.7) Gabriele hatte um 13⁰⁰ Uhr Schule. Sie half Vormittags in der Küche zusammen mit Adelheid und Inge. Um 12¹⁵ Uhr sagt Gabriele zur Adelheid. Ich muß mich jetzt für die Schule fertig machen, kann ich gehen? Adelheid sagt: „jetzt schon, das ist noch viel zu früh. Gleich anschließend mußte Gabriele zusammen mit Inge Wasser zum Kinder= haus tragen. Kaum dort angekommen sagt Gabriele zur Inge: „du bist ja älter du hast ja zu sagen. Ich muß mich jetzt für die Schule fertig machen. Sie tat sehr eilig und Inge sagte, ja. Ich komme die Treppe run= ter, Gabriele steht am Jungenswaschraum. Ich fragte: „Was machst du denn hier? Ich muß mich waschen aber unser Waschraum ist besetzt, kann ich mich hier waschen. Ich fragte: „hast du denn dein Handtuch hier, „nein," dann kannst du dich auch nicht hier waschen, da mußt du schon warten bis der Waschraum frei ist. Schon im Weggehen, ich hatte es eilig, fragte ich Gabriele, hast du deine Schuhe schon geputzt, „nein", dann putze erst mal deine Schuhe. Ich ging weg. Inzwischen hatte Adelheid von Inge erfahren das Gabriele sich schon wäscht. Als Gabriele zurück in die Küche kommt, sagt Adelheid: „ Gabriele ich habe dir noch was zu sagen. Darauf hin sagt Gabriele: „Tante Ingrid hat gesagt ich darf meine Schuhe putzen. Damit hatte sie sich mit ihrer Lumperei vor Adelheid unter meinen Schutz gestellt. Doch das Glück währte nicht lange. Abends kam die Sache in der Gruppe zur Sprache. Wir machten anschließend eine gründliche Schinken = verarbeitung.

16.

unter etwa einhundert Kinder. Hinzu kommen knapp einhundert Chilenen, die für die Deutschen in der Kolonie arbeiten.

Man lebt in Gruppen, getrennt nach Alter und Geschlecht. Vater und Mutter gibt es nicht. Kinder reden ihre Eltern mit «Onkel» und «Tante» an. Die Kinder werden nur mit ihrem Vornamen oder wie fast alle anderen Bewohner mit einem Spitznamen gerufen. Ihre Familiennamen kennen sie nicht. Geschlafen wird in großen Schlafsälen. Nur wenigen Paaren der Führungsschicht wurde im Laufe der letzten Jahre ein eigenes gemeinsames Zimmer zugestanden.

Drei Befehlen muß bedingungslos gehorcht werden: alles öffentlich aussprechen, nicht miteinander reden und sich nichts anhören. Jeder ist gegenüber jedem isoliert, jeder bespitzelt jeden. Kaum einer der heutigen Lagerinsassen, so läßt sich vermuten, wird wissen, was sich alles um ihn herum abspielt. Die «Colonia Dignidad» ist eine Gemeinschaft ohne Kommunikation. Immer noch ist die schriftliche Beichte Pflicht. Die «Gruppentanten» führen zudem ein Gruppenbuch, in dem detailliert auch kleinste Verfehlungen festgehalten werden:

Sieglinde Baar beichtet als Zwölfjährige: «Ich habe ohne Erlaubnis einen Schluck Wasser aus der Waschküche getrunken.» Ein Kind beichtet, es habe eine Emailleschüssel zu fest auf die Erde gestellt, und Ulrike Mysliwitz hat sich mit dem Kamm eines anderen Kindes frisiert. Gruppentante Ruth teilt Paul Schäfer im Gruppenbuch schriftlich mit, das Mädchen habe den Vorfall erst geleugnet. Zitat aus dem Gruppenbuch:

«Ulrike wurde von der Gruppe gefragt: Wer lügt? Ulrike: Ich lüge nicht. Sie wurde geohrfeigt. Gleiche Frage. Antwort: Ich lüge nicht. Sie wurde auf die Bank gelegt und der Hintern versohlt. Gleiche Frage. Antwort: Ich lüge nicht. Und dann ging es erbarmungslos rund, erst dann sagte sie: Ich lüge.»

Briefe, ob eingehende oder ausgehende, werden zensiert. Viele Briefe von bei der Lagerleitung in Ungnade gefallenen Angehörigen werden einfach mit dem Stempel «Annahme verweigert» wieder zurückgeschickt. Über jedes Mitglied der «Gemeinschaft» wird eine Akte geführt, die alles enthält, von der Korrespondenz bis zu den Personalpapieren.

Persönliche Kleidung gibt es nicht. Die Kleiderkammer, die «Nähstube», gibt jedes Wochenende frische Wäsche aus, Unterwäsche, Arbeitszeug und einen besseren Anzug pro Woche. Es gibt eine «Herrenschneiderei» für die Männer und eine Kleiderkammer für die Frauen. Es sind Altkleider, freundliche Spenden, hauptsächlich aus der Bundesrepublik. Mädchen und Frauen tragen knöchellange Röcke aus geblümtem Stoff, darüber eine Schürze mit Latz und an der

Taille gebunden, Männer blaue Drillichkleidung, die Schwestern im Krankenhaus gestärkte Uniformen des Deutschen Roten Kreuzes, wie sie vor zwanzig Jahren getragen wurden, oder blaugraue Phantasie-Trachten mit weißen Häubchen. Eine bei der katholischen Kirche in Chile beschäftigte Soziologin: «Ich war in den siebziger Jahren einmal in Parral. Da fuhr ein geschlossener Lastwagen vor. Hinten wurden die Türen geöffnet, und es stiegen ein Dutzend junge Männer in Lederhosen und mit Filzhüten aus.»

Größten Wert legt man im Lager auf Musikdarbietungen. Es gibt drei Chöre, einen Knabenchor, einen für die Frauen und einen gemischten Chor. «Zwei Monate im Jahr», so steht es in der juntatreuen chilenischen Zeitung *Mercurio* vom 6. Dezember 1987, «üben sie unter Anleitung eines ehemaligen Kapellmeisters der Militärschule, der dafür aus Deutschland angereist kommt.»

Zeitungen, Zeitschriften, Fernsehen oder Radio gibt es nicht. Sie gelten als «schädlich». Die Welt und deren Schlechtigkeit wird den Lagerbewohnern von Dr. Gerd Seewald erklärt. Und wenn es einmal Fernsehen gibt, dann nur die im eigenen Fernsehstudio zusammengeschnittenen und zensierten Fernsehsendungen. Gerhard Löwenthals «ZDF-Magazin» wird in Siegburg auf professionellen ¾-Zoll-U-Matic-Videorekordern aufgezeichnet und per «Lufthansa»-Luftfracht zur «Colonia» geschickt. Für Paul Schäfer sind auch immer die aktuellen Fernsehkrimis dabei; denn die interessieren ihn besonders. Fernsehkommissar Derrick hat es ihm angetan. Hugo Baar war lange Zeit Cutter in der lagereigenen Fernsehstation. Die «Feuerzangenbowle» mußte er von unzüchtigen Küssereien säubern und auch andere Uralt-Spielfilme sittlich bereinigen. Für Paul Schäfer und seine Getreuen werden Manöverberichte und Reportagen von Militärausstellungen in Siegburg aufgezeichnet und nach Chile geschickt.

«Scham» ist eines der Schlüsselwörter im «Fundo», Sexualität und Zärtlichkeit gibt es in dem Lager kaum. Alle Gelegenheiten, sich näherzukommen, werden sorgfältig vermieden. Nachts werden alle Autos abgeschlossen, damit es dort nicht zu intimen Treffen kommen kann. Und wenn sich in Büschen oder in Holzkisten Lagerbewohner dann doch lieben konnten, wird die schwangere Frau sofort von der Gruppe getrennt. Entweder wird eine Abtreibung erzwungen oder die Schwangere muß, betreut von einer eigens abgestellten Pflegerin, so lange im verborgenen leben, bis das Kind geboren ist und im Krankenhaus in die Babygruppe eingegliedert ist. «Wir fanden das zu Beginn auch grausam», sagt Paul Schäfer dazu, «doch wir haben das wissenschaftlich untersucht und sind zu dem Entschluß gekommen, daß das das beste ist.» Ehen stiftet allein Paul Schäfer. Über Jahre war es weder zu einer Geburt noch zu einer Heirat im Lager gekommen. Als Schäfer merkte, daß das auf die Dauer nicht durchzuhalten sei, führte er heimliche Trauungen ein. In einem Zeitraum von inzwischen mehr als fünfundzwanzig Jahren fanden nur sechzehn Eheschließungen statt. Für die ersten acht Paare – jeweils vier Paare heirateten am gleichen Tag – wurde noch eine Hochzeit im Gästehaus eingerichtet. Alle Jugendlichen, die durch derartiges Tun in ihrer Sittlichkeit hätten gefährdet werden können, wurden – innerhalb des Lagers, versteht sich – zu einer «Zeltfreizeit» geschickt. Die anderen Ehepaare durften nur heimlich heiraten.

Unabhängig voneinander verlassen dann die Verlobten unter einem geschäftlichen Vorwand das Lager und werden nach Santiago oder Parral zum Standesamt gebracht, um sich dort trauen zu lassen. Kirchliche Trauungen finden nicht statt. Die Frischvermählten werden zu einer Jagdhütte an der über einhundert Kilometer vom eigentlichen Lager entfernten Steinbrechanlage der «Colonia Dignidad» bei Bulnes gebracht, um dort mehrere Tage zu verbringen. Wieder jeder für sich, kehren sie dann ins Lager zurück und leben im alten Trott weiter.

Auch wegen dieser rigiden Geschlechtertrennung haben viele Lagerbewohner schon mehrfach einen Fluchtversuch unternommen. Wenn die Flüchtigen dann eingefangen werden, gibt sich Paul Schäfer gnädig und verständnisvoll: «Hättest du mir doch gesagt, was du willst.» Dann wird den Ehepaaren ein kleines gemeinsames Zimmer eingerichtet. Hartmut Hopp und seine über zehn Jahre ältere Ehefrau Dorothea genießen diesen Vorzug, ebenso das Ehepaar Cöllen und die Lagerärztin Gisela Seewald mit ihrem Mann. Ob Leibwächter Mücke und seine Frau Gitta, geborene Baak, zusammenleben dürfen oder der inzwischen hochbetagte offizielle «Präsident» der Kolonie, Ex-Luftwaffenoffizier Schmidt und seine Frau, die seit über zwei Jahren spurlos verschwunden ist, ist nicht bekannt.

Die «Geschlechts- oder Ehereife» tritt in der Kolonie erst sehr spät ein. Hartmut Hopp: «Wir meinen, daß die Bildung der Menschen mit einundzwanzig Jahren noch nicht abgeschlossen ist. Und um eine Familie zu gründen, muß man voll ausgebildet sein.» Der *Mercurio-*

Aus: «15 Jahre Sociedad Benefactora y Educacional Dignidad», eine 1976 erschie-
nene Selbstdarstellungs-Broschüre der Kolonie

Journalist: «Einige Damen, mit denen wir bei ihrer Arbeit ins Gespräch kamen, sahen viel älter aus, als man annehmen würde, wenn man sieht, daß ihre Kinder noch keine zwanzig Jahre alt sind.» Auch dieser Journalistenbesuch (das verschweigt die Zeitung nicht) war arrangiert, um die jüngsten Beschuldigungen «einer gewissen Presse» zu relativieren. Frei und unkontrolliert bewegen durfte auch dieser Journalist sich nicht.

Für Nachwuchs sorgen Adoptionen. «Ab und an» habe man mal vergessen, ein Kind, das im Krankenhaus behandelt werden sollte, zurückzugeben – das hat Schäfer inzwischen zugegeben. In Parral zweifelt niemand daran, daß die örtliche Jugendrichterin auch finanziell dafür belohnt wurde, daß sie das ohnehin schon einfache chilenische Adoptionsrecht, das im Grunde nur das Vorhandensein eines geregelten Familienlebens für die Genehmigung einer Adoption vorsieht, zugunsten der angeblich sozialen Institution «Colonia Dignidad» interpretiert. «Weiße Chilenen», heißt es in der Umgebung, seien in der «Colonia» besonders begehrt. Und so stehen heute im Knabenchor viele weißhäutige, schwarzhaarige Jungen.

Eine Mutter, die so von der Kolonie um ihren Sohn Miguel Beccera gebracht wurde, kämpft bis heute verzweifelt darum, ihr Kind wiederzubekommen. Vor Gericht – Gerichtsstand ist Parral – unterlag sie 1977 in erster Instanz. «Die Gesellschaft» habe «auf das Ersuchen des jungen Mannes selbst» (er ist heute sechsundzwanzig Jahre alt) die Vormundschaft zugesprochen bekommen. Heute sollen dreißig adoptierte junge Männer in der «Colonia Dignidad» leben. Paul Schäfer adoptierte sich so Rebeca, die er als «meine Tochter» vorstellt.

Kolonie-Präsident Schmidt antwortet auf die Frage, warum im Lager niemand einen Flirt, einen «pololeo», habe: «Wir vermeiden es, sie dazu anzuregen, das andere Geschlecht vorzeitig zu suchen. Eine Tendenz, die draußen so viel Unheil anstiftet. Und da sie die Beispiele der Liebesfilme nicht haben, fangen sie einfach später an.» Die fünfundzwanzig jährige Lilian, die 1962 mit ihren Eltern und sieben Geschwistern ins Lager gebracht wurde, wurde «ganz krank», als sie nach einem Flirt gefragt wurde.

Der *Mercurio* vom 6. Dezember 1987: «Diese Schranke der Scham und der Kindlichkeit, mit der die Jugend geschützt wird, ‹um sie so lange wie möglich auszudehnen›, wie uns die Krankenschwester Dorothea erklärt, ist zu bemerken. Es war Sonntag morgen, und vier junge Mädchen übten in ihrer Wohnung auf ihren Musikinstrumenten, die sie, wie es bei ihnen üblich ist, mit sieben Jahren zu spielen lernen. Zwei Geigen, ein Cello, eine Flöte und ein Baß. Drei Deutsche und zwei Chileninnen, alle zirka sechzehn Jahre alt. Sie unterscheiden sich nicht in ihrem Aussehen: dieselbe Kleidung, dieselben Zöpfe und ländlichen Sandalen. Der gleiche deutsche Akzent in der Aussprache ihrer Namen: Rebecka und Kathi. Das heißt, sie unterscheiden sich fast gar nicht, denn diese beiden letzteren sind dunkelhaarig, kleiner, schlanker als ihre großen, blonden Kameradinnen. Nachdem sie uns die kleine Nachtmusik von Mozart vorgespielt haben, beantworten sie unsere Fragen einstimmig mit Einsilbern. ‹Mögt ihr gern im Kasino in Bulnes vorspielen oder bei Tisch bedienen?› – ‹Nein›, antworten sie einstimmig unter verschämtem Gelächter. ‹Warum nicht?› – ‹Hier ist es schöner›, sagen sie wieder im Chor und auf deutsch. Und mit denselben Gesten verschämten Lachens und Errötens erklären sie, daß sie kein Interesse für neue Sachen haben, daß sie die Mode für dumm halten und es unordentlich finden, wie die Frauen ‹draußen› sich kleiden und ihr Haar tragen. Sie setzen hinzu, daß die Dinge, die sie am gemeinschaftlichen Leben am höchsten schätzen, die Natur und die Musik sind.

Sie wiederholen ihr im Chor gesprochenes Nein, als wir sie fragen, ob sie auf die Universität gehen wollen, und nur eine beantwortet unsere Frage, was sie sich für ihr späteres Leben wünsche: ‹Krankenschwester sein›, sagt Maria. Die Übersetzung der nächsten Frage, ob sie sich die Ehe wünschen, wird von Dr. Hopp höflich verweigert.

Wir verließen die jungen Mädchen nervöser, als wir sie angetroffen haben.»

«Die Moral ist Teil unserer Kultur. Dein Schöpfer hat dir zum Schutz die Scham mitgegeben» steht auf einem Schild außerhalb des Lagers im Restaurant der «Colonia». Die «Hebamme» des Krankenhauses behandelt nur solche schwangeren Patientinnen, die ihr Ehebuch vorlegen können.

Schäfer hingegen wird ständig von zwei «Sprintern» und seinem Schäferhund begleitet. Noch in Siegburg waren die «Sprinter» zwischen acht und sechzehn Jahren alt, inzwischen sind auch Zwanzigjährige in seiner Begleitung. Immer zwei, ein Kind und ein junger Erwachsener. Schäfer allein badet die Kinder, alle Jungen unterstehen allein seiner Obhut. Die «Sprinter» müssen ständig «bei Fuß» sein. Sie fahren den Wagen, tragen die Aktentasche. Täglich wechseln sie sich ab. Es ist das alte Prinzip, einmal oben, einmal unten, einmal Vertrauensperson, dann wieder Unperson. Ein «Sprinter» teilt auch mit «Pius» die Schlafstatt. Paul Schäfer trägt ständig eine Waffe bei sich. In der Bundesrepublik hat er sich einen Spezialhalfter anfertigen lassen, aus dem er seinen Revolver besonders schnell ziehen kann. Daß es in der «Colonia Dignidad» Waffen gibt, ist kein Geheimnis. Etwa fünfzig Personen haben offiziell einen Waffenschein und ihre Waffen bei der dritten Polizei-Division registriert. In seinem Schlafzimmer hat Paul Schäfer griffbereit eine Maschinenpistole liegen. Dort wurden auch zwei voneinander unabhängige Telefonverbindungen installiert. Vor seinem Raum halten ständig zwei junge Männer mit Hunden Wache. Die Fenster zu Schäfers Zimmern, seinem «Apartment», bestehen aus kugelsicherem Glas. In Schäfers «Clubzimmer» im Gästehaus wird gebeichtet.

Paul Schäfer thront im sogenannten «Zippelhaus» auf einem Podest in einem großen Fernsehsessel. Getrennt nach Geschlechtern sitzen an langen Tischen die Lagerinsassen, die Mädchen haben Zöpfe und tragen flache Sandalen, viele ohne Strümpfe, die älteren Frauen haben die Haare zu einem Knoten zusammengebunden, die Blusen sind hoch geschlossen. Ganz vorne sitzen die älteren Menschen, nach hinten abgestuft die jüngeren. Paul Schäfer heißt in der Umgebung «Zick-Zack» wegen seines militärischen Gehabes.

Der *Mercurio*: «Die erste Tätigkeit, zu deren Besichtigung wir nach unserer Ankunft im Bayerndorf geführt wurden, samt Fruchtsäften und Delikatessen, war ein Treffen mit den ‹Burschen›. Wir betraten einen großen Saal. Da waren zirka 40 Männer von 25 bis 50 Jahren versammelt. Ein mittelgroßer Mann, über 60 Jahre alt, mit lebhaftem Ausdruck und Brille, stellte sich als ‹der Teufel› vor. ‹Ich bin hier das schwarze Schaf!› Obwohl er meinte, sich damit hinreichend vorgestellt zu haben, verstanden wir in dem Moment nicht, daß es sich um Paul Schäfer handelte, das berühmte Ziel fast aller Anschuldigungen, die gegen die Gesellschaft erhoben werden.

Er setzte sich auf ein höher als unser Standort befindliches Podium und hinderte uns, Aufnahmen zu machen – ‹dafür wird später noch Zeit genug sein›. Auf einen Befehl seinerseits setzten zirka 40 ‹Burschen› zu einem spanisch gesungenen Lied über den Viehtreiber an. Ihre Stimmen schienen eher Jugendlichen als reifen Männern zu gehören, und eine ungeheure Spannung drückte sich in ihren Körpern und Händen aus; ihre Blicke waren auf einen unsichtbaren Punkt im

Raum gerichtet, so daß wir uns nicht zurückhalten konnten und mit unserer Kamera fünf Aufnahmen machten.

Schäfer, etwas ungehalten, lachte jedoch und rief uns auf deutsch zur Ordnung. Wir baten ihn, spanisch zu sprechen, aber wieder mußten seine Worte für uns übersetzt werden: ‹Sie können schreiben und Aufnahmen machen, wann Sie wollen, aber wenn Sie hier etwas dargeboten bekommen, müssen Sie das annehmen.› Wir ließen uns nicht einschüchtern, sondern versuchten, mit den ‹Burschen› ein Gespräch zu beginnen, aber sie gaben an, überhaupt kein Spanisch zu können oder nur sehr wenig zu verstehen. Und sie sangen weiter ihre Lieder, und Schäfer spielte von seinem hohen Standort aus weiter mit ungemütlichen Pausen und schrägen Blicken, bei denen ihn niemand, nicht einmal Schmidt oder Hopp, unterbrechen wollte. Schließlich, als die jugendlichen Stimmen ein drittes Lied vorgetragen hatten, versprach uns der Mann, den wir bereits ganz klar als den Führer erkennen konnten, daß wir uns später unterhalten würden. Darauf antwortete ich im selben Ton: ‹Das freut mich sehr, wenn Sie von Ihrem Sockel herabsteigen.› Er stieg nicht herab, und wir bekamen auch kein Interview von diesem Mann, der in der Gesellschaft niemals förmlich eine wichtige Stellung innegehabt hat, der aber immer ihr Führer gewesen ist.»

Dem Reporter vom *Mercurio*, der das am 6. Dezember 1987 veröffentlicht hat, kam einiges nicht geheuer vor. Noch erstaunlicher allerdings ist, daß ausgerechnet das Jubelblatt der chilenischen Militärdiktatur inzwischen solche Berichte veröffentlicht. Noch Wochen zuvor war im selben Blatt ein Bericht erschienen, der die Schönheit des Lagerlebens verherrlichte. Welchen Sinn diese Publikation hatte, war unschwer auszumachen. Die Autorin des Beitrages ist in Santiago bekannt als Mitarbeiterin des chilenischen Geheimdienstes «CNI» (Centro Nacional Informacion).

Einmal, so erzählt es Heinz Kuhn, sei Paul Schäfer auf dem Podium in seinem Lehnstuhl eingeschlafen. Die Gemeinde sei still und regungslos sitzengeblieben, bis «Pius» wieder erwachte.

Hugo Baar und Heinz Kuhn führten in Deutschland weiter die Geschäfte. Sie erbettelten von der Einrichtung eines Operationssaales (aus jenem Bonner Krankenhaus, in dem auch die Schwestern ausgebildet worden waren) über Omnibusse, Lkws und Baumaterial (das zum Teil in Chile dann gewinnbringend verhökert wurde) eine milde Gabe nach der anderen. Gertrude Kraft ging in der Uniform einer Rote-Kreuz-Schwester – wer schlägt einer Schwester schon eine Bitte ab – auf Spendentour und sorgte für das karitative Deckmäntelchen. Von der Deutschen Bundespost kam – kostenlos, versteht sich – eine komplette Telefonanlage. Zusammengeschnorrt wurde alles, Altkleider, Medikamente, auch Psychopharmaka. Die Firma «Schaak & Kuhn» war für die Organisation, für Ersatzteile und besonderes technisches Gerät zuständig. Für Elektroschockgeräte zum Beispiel. Und weil die «Colonia Dignidad» ja eine angeblich so gute Sache war, wurden der «Privaten Socialen Mission e. V.» und ihrer Firma gerne großzügige Zahlungsziele eingeräumt. Trotz der ersten Horrorberichte (über die Flucht von Wolfgang Müller) in der örtlichen Presse durfte die «Private Sociale Mission e. V.» auch in der Öffentlichkeit auf Hilfe und Unterstützung des Siegburger Bürgermeisters Adolf Herkenrath hoffen.

Aus Chile kamen an die in der Bundesrepublik lebenden Angehörigen immer nur lakonische, vertröstende Briefe. Und die waren meistens noch nicht einmal in Chile abgestempelt. Konkrete Fragen, die die Angehörigen in ihren Antwortbriefen nach Chile stellten, wurden ignoriert. Oft kamen nur maschinengeschriebene Briefe zurück, die nur eine hingekritzelte Unterschrift trugen. Der Sektenchef diktierte die Briefe.

Juristisch war der Sekte kaum beizukommen. Und wenige Angehörige schalteten überhaupt einen Rechtsanwalt ein. Viele resignierten, viele glaubten, daß es ihren Kindern gutgehe dort drüben im entfernten Südamerika. Und viele hatten nichts mehr zu sagen. Denn sie hatten schon früh das Sorgerecht für ihre Kinder an die Sektenchefs übertragen. Wolfgang Müller war so zum Mündel des in Deutschland gebliebenen Hugo Baar geworden.

Als Heinz Kuhn, der heute nicht mehr in der Kolonie lebt, sich in Gronau verloben wollte, wurde er plötzlich nach Chile gerufen: «Es kam ein Anruf, ich solle so schnell wie möglich nach Chile kommen. Paul Schäfer sei etwas geschehen. Ich solle einen schwarzen Anzug mitbringen. Ich glaubte, daß Paul Schäfer gestorben sei oder sehr schwer erkrankt und bin sofort rübergeflogen. Am Flughafen hat mich dann Kurt Schnellenkamp abgeholt. Gesagt hat mir niemand etwas Genaues. Als ich dann im Lager ankam, da stand der Paul Schäfer vor mir. Ich mußte alle meine Sachen abgeben, den Verlobungsring, den Paß, das Foto von meiner Verlobten. Ich bekam einen alten Trainingsanzug und wurde erst einmal eingesperrt. Ich weiß nicht, wie viele Tage ich ohne Essen und Trinken dagelegen habe.»

Heinz Kuhn, der in Deutschland ein erfolgreicher Geschäftsmann war, wurde plötzlich zum Nichts. Er wußte nicht, wo Chile lag, er verstand kein Wort Spanisch. Und jetzt wurde er zu harter körperlicher Arbeit gezwungen. Unter seinem Namen wurden weiterhin in Deutschland Geschäfte getätigt – ohne daß er es wußte. Er wurde langsam in das Lagerleben integriert. «Die haben versucht, meinen Willen zu brechen.» Erpreßt und bedroht mit Bibelzitaten, im festen Glauben an Gott, lebten zweihundert Menschen in einer streng hierarchisch geordneten Gesellschaft. Angeblich für Gott nahmen sie harte körperliche Arbeit, Entbehrungen und die stetige Entpersönlichung auf sich. Das urchristliche Paradies im Süden Chiles war zum privaten Arbeitslager einer religiös argumentierenden Clique geworden.

Einen religiösen Anspruch vertritt die «Colonia Dignidad» heute offiziell nicht mehr. Man wehrt sich entschieden dagegen, als «Sekte» bezeichnet zu werden, und auch im Wort «Kolonie» sieht man eine Beleidigung. Man sei eine «Gemeinschaft» oder besser: «Gesellschaft», aber unkonfessionell.

Unangemeldet gelangt niemand in die «Colonia Dignidad», schon gar nicht ein Reporter. Weshalb ausgerechnet ich hineingekommen bin, ist mir rätselhaft. Nach meiner Verhaftung in der «Colonia Dignidad» erlaubte man mir, am nächsten Tag das «Casino Familiar», ein von der «Colonia Dignidad» in der Nähe von Bulnes betriebenes, öffentlich zugängliches Restaurant (in dem Filmen und Fotografieren verboten sind), das bayerisch aufgemachte «Dreispitzdorf», zu besuchen und noch einen Tag später eben das eigentliche Fundo.

Im Empfangshaus ist für vier Personen gedeckt. Dr. Hopp und Gerhard Mücke empfangen mich. Das vierte Gedeck bleibt unbenutzt. Paul Schäfer, so Hopp, lasse sich entschuldigen. Man bedaure den Freitag, den Tag meiner Verhaftung. Man erkundigt sich über mich: Wer ich denn sei, was ich wolle. Ich möge bitte Verständnis haben für die anfängliche rüde Behandlung, aber man habe schlechte Erfahrungen mit Journalisten gemacht. Wenn ich gleich gesagt hätte, daß mir der ehemalige deutsche Botschafter in Chile, Erich Strätling, empfohlen habe, einfach zu ihnen hinzufahren und Erdbeerkuchen mit Schlagsahne zu essen, dann hätte man mich anders empfangen. Aber nicht so, mit laufender Kamera. Wenn ich mich nun des Vertrauens der «Colonia Dignidad» für würdig er-

Casino Familiar

wiese, dann sei ich der erste, der exklusiv vom Lager mit Informationen bedient werden würde. Aber: Man möge es ihnen nicht übelnehmen, wenn sie mich rein vorsorglich wegen eines vor meinem Besuch in der «Colonia Dignidad» gesendeten Fernsehfilms über das Lager vor Gericht ziehen würden.

Was würde man ihnen in der Öffentlichkeit nicht alles anhängen. Nazis würden sie beherbergen, einen langen Tunnel nach Argentinien hätten sie gegraben, Uranbomben könnten sie bauen, Übermenschliches hätten sie demnach vollbracht. Dabei seien sie doch nur eine – gegenüber derartigen Angriffen hilflose – soziale Institution. Die Menschen hier seien nur für den armen, hilflosen und kranken Nächsten da. Nur Hartmut Hopp redet. Gerhard Mücke sitzt still und breit grinsend da. Ab und an lacht er dumm.

Wie auf Kommando fährt plötzlich vor dem Haus ein Krankenwagen vor. Gerade noch wird die Nächstenliebe der Organisation gepriesen, da liefert man mir auch schon ein Beispiel. Daß es arrangiert ist, wird allerdings auch gleich deutlich. Denn ausgerechnet Gerhard Mücke, der sonst nur stumm dabeisitzt, weiß zu berichten: «Die fah-

65

ren runter zum Fluß, da kommt ein kleines Kind an, das im Krankenhaus behandelt werden soll.»

Das Telefon klingelt. Ich werde zum Telefon gebeten. Das Gespräch sei für mich. Kurt Schnellenkamp ist am Apparat und teilt mir mit, daß im Restaurant der «Colonia Dignidad» in Bulnes (dort gibt es einen der zwei eingetragenen Telefonanschlüsse der Kolonie) der deutsche Konsul angerufen habe. Der habe sich nach mir erkundigt. Tatsächlich hatte Konsul Haller schon viel früher angerufen, doch fast drei Tage lang war mir jeder Kontakt unmöglich gewesen. So sorgte die deutsche Botschaft in Santiago durch die Nachfrage im «Casino Familiar» für meinen Schutz. Die «Colonia Dignidad» wußte also schon lange, daß ich mich vor meinem Unternehmen abgesichert hatte. Einen weiteren mysteriösen Vermißten wie den Amerikaner Boris Weisfeiler konnte man sich in der «Colonia Dignidad» nicht leisten. Das erklärt wohl meine später so distanziert-freundliche Aufnahme. Den Konsul zurückrufen kann ich allerdings nicht. Das, so bedauert Hopp, sei technisch unmöglich. Man habe im Fundo nur ein Funkgerät.

Vor dem Haus fährt ein Omnibus mit verhangenen Scheiben vor. Eine Frau mit weißem Kittel verläßt das Haus und öffnet mit einem Schlüssel das Tor, das den Zugang zur Straße versperrt. Im Gänsemarsch steigen etwa fünfzig junge Männer im Alter von sechzehn bis dreißig Jahren aus dem Omnibus und bauen sich vor dem Empfangsgebäude im Halbkreis auf – in zwei Reihen, vorne die Kleineren, hinten die Größeren. «Die Donkosaken» singt der Knabenchor. Abwechselnd treten einzelne junge Männer vor und singen mit hohen Stimmen Soloteile. Aus der zweiten Reihe werde ich plötzlich fotografiert. Auch hinter meinem Rücken klickt es. Mit einer modernen japanischen Spiegelreflexkamera hat mich Dr. Hartmut Hopp fotografiert (fürs *Deutschland-Magazin*?). Filmen darf ich den Chorauftritt nicht. Was wie für den Reporter inszeniert wirkt, ist offiziell für «Tante Kathi» gedacht. «Tante Kathi», im Lagerjargon wegen ihrer guten Schießkünste «Schütze eins» genannt, habe ihr «siebzehnjähriges Jubiläum» als Wächterin am Haupteingang. Deshalb nun bringe man ihr hier, so Dr. Hopp, ein Ständchen. «Das ist hier immer so.» Von einem Jungen wird ein selbstgemachtes Gedicht auf «Tante Kathi» aufgesagt, dann wird erneut gesungen, wieder mit erstaunlich hohen Sopranstimmen. Dann tritt ein Junge vor und überreicht der Frau einen Blumenstrauß. Danach «fröhliches Gelächter».

Der Auftritt des Knabenchors hat mich tief beeindruckt. Wie fern-gesteuert haben sich die jungen Männer vor mir aufgebaut. Sie tragen altmodische Kleidung, viele von ihnen kurze Hosen, obwohl im Au-gust in Chile Winterzeit ist, oder Garbadinehosen mit weitem Schlag, Hemden mit Schillerkragen, schlichte Pullover, Strickjak-ken. Als sich der Chor vor mir gruppiert, da rascheln die Füße im Schotter wie bei einer zum Appell antretenden Militärkompanie. Bleich sind alle jungen Männer im Gesicht, viele haben breite braune Ringe um die Augen. Die Haare sind militärisch kurz ge-schnitten, im Nacken ausrasiert. Irgendwie sehen sie alle gleich aus. Sie haben alle die gleiche hohe Stirn. Die gesunde Hautfarbe, die man an der frischen Landluft doch bekommen soll, haben sie nicht.

Auf einem Foto, mit dem die «Colonia Dignidad» 1976 zu ihrem fünfzehnjährigen Jubiläum für sich selbst warb, ist eine Gruppe von Turnern abgebildet. Alle Jungen tragen den Scheitel auf der gleichen Seite. Es ist beängstigend.

In der ersten Reihe des Chors steht ein junger Mann. Er hat einen fast durchsichtig bleichen Teint und ist vollkommen abgemagert. Er atmet schwer, kann nur mit Mühe, kurzatmig, mitsingen. Seine Hände sind ganz rot, blauviolett treten die Adern vor. Noch heute frage ich mich, weshalb mir ausgerechnet dieser knapp zwanzig Jahre alte Mann vorgeführt wurde. Hätte man ihn verborgen, wäre mir sein erbärmlicher Zustand doch gar nicht aufgefallen. Wollte man mir viel-leicht beweisen, daß hier jemand noch am Leben ist, der als vermißt gilt? Als ich später Dr. Hopp danach frage, ob verschiedene Lager-bewohner vielleicht krank seien, da antwortet der lakonisch: «Einige haben die üblichen Entwicklungsstörungen.»

Mit den Mitgliedern des Chors kann ich mich nicht unterhalten. Es ist wie ein Besuch in der Psychiatrie – nur daß hier die Menschen autistisch zu sein scheinen. Die jungen Männer schauen durch mich hindurch. Paul Schäfer hat ihnen früh eingetrichtert, daß Fremden (und Journalisten sind allemal gefährliche «Kommunisten») nur auf die Stirn und nicht in die Augen zu schauen sei. Das wirke dann wohl so, als ob man dem Gegenüber in die Augen schaue, doch dem direk-ten Blickkontakt könne man so entgehen. Als ich einzelne Sänger anspreche und bitte, für die Filmkamera noch einmal zu singen, da ist die einzige Reaktion ein peinlich berührtes Lachen. Offensichtlich auf ein hinter meinem Rücken gegebenes Kommando heben die jungen Männer zeitgleich den rechten Arm und winken mir und der derart geehrten «Tante Kathi» zu. Im Chor rufen sie «auf Wiedersehen», dann trotten sie im Gänsemarsch zurück zum Bus. Der fährt durch das Tor aus dem Lager. Die Jungen ziehen die Vorhänge zur Seite und winken noch einmal.

Ich werde zurück ins Haus gebeten. Der Raum strahlt die Wachstischtuch-Atmosphäre der fünfziger Jahre aus. Eine in eine weiße Kittelschürze gekleidete Frau bringt eine Platte mit Aufschnitt – Lachsschinken, Bierwurst und andere deutsche Köstlichkeiten, Käse, Salami und Leberwurst, Schwarzbrot, Sesambrot und Weißbrot, Butter und Pulverkaffee. Das heiße Wasser kommt aus einer Kaffeekanne mit Tropfenfänger.

Kaffee gibt es für die Lagerbewohner sonst nicht, nur «Schlurre», Obstsäfte und Tee. Reis, Kaffee und Salz seien die einzigen Produkte, die sie nicht selbst herstellen können. Ansonsten, so Dr. Hopp stolz, sei man vollkommen autark.

An der Wand hängt ein Foto im DIN-A 5-Format von Franz Josef Strauß im einfachen Holzrahmen, auf der anderen Seite ein gestickter Wandteppich, Modell «Sticken nach Zahlen – Hirsch und Schwarzwald», auf der großgeblümten Tapete. Ein uraltes Fernsehgerät steht in der Ecke, ein altmodisches Sofa und drei Sessel um einen Couchtisch mit dem obligatorischen Tischläufer. Auch ein ebenso altes Radio steht im Raum. So stelle ich mir die fünfziger Jahre vor. Den blankgewienerten Linoleumboden, die moralinsaure Atmosphäre, das unterwürfige Verhalten der Frau in Schwesterntracht, die sprachlos bei Tisch bedient. Über das Sofa ist eine Wolldecke gelegt, ein Stofftier, ein weißer Pudel, liegt darauf, die Kissen haben jenen klassischen «Schlag», die Zipfel stehen rechts und links ab. In einer Schrankwand stehen Sammeltassen und Wappenteller.

Immer wieder tritt die Schwester in den Raum, die uns bewirtet. Dann führt sie Daumen und Zeigefinger zusammen und bittet den «Hartmut», schnell einmal zu kommen: «das Telefon» oder: «das Krankenhaus». Alle fünf Minuten findet das statt. Immer wieder verläßt Hopp den Raum, um danach mit neuen Direktiven wieder zu mir zurückzukehren. Es ist kaum zu verbergen (und jüngst geflüchtete Mitglieder der Sektenführung bestätigen das): Vom Nebenraum aus wird unser Gespräch belauscht. Und ohne Rücksprache mit Paul Schäfer macht Dr. Hopp keine Zusagen.

Es herrscht eine Atmosphäre voller Mißtrauen und unterschwelliger Aggression. Meine Gastgeber verhalten sich sehr konspirativ. Auf meine Verhaftung reagiere ich nun schon den zweiten Tag mit starkem nervösen Durchfall. Ich muß einfach immer wieder zur Toilette. Wenn ich unangekündigt aufstehe und entschuldigend den Raum verlasse, klappen rechts und links auf dem Flur eilig die Türen zu. Mindestens drei Personen beobachten und belauschen Dr. Hopp, Gerhard Mücke und mich.

Die Toiletteninstallationen stammen aus Europa. Es sind deutsche Spül- und Toilettenbecken, wie überhaupt von der Türklinke bis zur geblümten Tasse alles aus Deutschland zu stammen scheint.

Ich bitte Dr. Hopp, in der «Colonia Dignidad» verschwundene Personen sehen zu dürfen, unter anderem auch Ursel Schwöll. Nein, sagt er zunächst, das könne ich nicht. Die neun Kinder, nach denen ich frage, wollen mit ihren heute in Deutschland lebenden Eltern angeblich nichts mehr zu tun haben. Einen noch minderjährigen Jungen, dessen Eltern die Flucht gelungen ist, könne ich «aus juristischen Gründen» nicht sehen. Doch plötzlich öffnet sich die Tür, herein tritt eine in eine blaugraue Tracht gekleidete etwa sechzigjährige Frau mit einem gestärkten weißen Häubchen. Sie wird von einer Krankenschwester in Rote-Kreuz-Uniform in den Raum geführt. Die Frau kann sich kaum bewegen und zittert. Unaufgefordert spricht sie mich an, rattert wie ein auswendig gelerntes Gedicht herunter: «Ich bin die Ursel Schwöll. Ich habe gehört, Sie kommen aus Deutschland, um mir liebe Grüße von meiner Schwester zu überbringen. Ich möchte meine Schwester zurückgrüßen. Ich habe gerade angefangen, einen Brief zu schreiben.» Nein, sie wolle nicht nach Deutschland, wolle auch nicht zu Besuch nach Deutschland, um ihre Mutter und Schwester nach einem Vierteljahrhundert wiederzusehen. Aber das alles werde sie in einem Brief schreiben, den zu schreiben sie schon begonnen habe. Auf meine Nachfrage reagiert sie nicht. Die Frau ist bleich und schwach. Auch sie hat tiefliegende Augen mit dunklen Rändern und schneeweißes Haar. Sie macht einen geistesabwesenden Eindruck und kann sich nur langsam bewegen. «Sie hat gerade eine Hüftgelenksoperation hinter sich», meint Dr. Hopp entschuldigend. Dann wird die alte Dame wieder hinausgeführt.

Ursel Schwöll wurde mir regelrecht vorgeführt. War sie mit Psychopharmaka vollgestopft? Weshalb war sie fast bewegungsunfähig? Weshalb wurde diese gespenstische Vorführung für mich arrangiert?

Als ich nachfrage, ob es im Lager viele kranke Menschen gibt, erzählt mir Dr. Hopp von Hüftgelenksoperationen und von «einigen psychiatrischen Fällen». Hopp: «Das ist bei uns nicht anders als überall.»

Paul Schäfer bekomme ich nicht mehr zu Gesicht. Er bleibt verschwunden. Im Lager heißt er «Pius» oder «Professor». «Es geht vielen so, daß sie zuerst einmal von Herrn Schäfer abgestoßen sind. Er wirkt sehr rauh. Aber wenn man ihn näher kennt, dann weiß man, daß dieser Mensch voller Liebe und Güte ist», will mir Hartmut Hopp das eigentümlich sadistisch-aggressive Auftreten Schäfers am Tag meiner Verhaftung erklären. «Er hat unter uns die größte Initiative und Organisationsgabe. Er ist so etwas wie unser innerer Verwalter oder Leiter.»

Den Großbetrieb «Colonia Dignidad» kann Paul Schäfer mittlerweile kaum noch allein managen. Die inzwischen als Arbeitgeber und Industrieunternehmen in Chile einflußreiche Kolonie wird nach innen und außen von einer kleinen Führungsschicht kontrolliert: Nummer zwei in der «Colonia Dignidad» ist «Außenminister» Dr. Hartmut Hopp. Der heute dreiundvierzigjährige Chirurg hat in den Vereinigten Staaten und in Chile Medizin studiert. Nach eigenen Angaben bemüht er sich zur Zeit in Bayern um eine Promotion. Er habe einen Münchner Doktorvater. Hartmut Hopp hält Kontakte zu Kliniken in Deutschland, wie dem Krankenhaus Bonn-Beuel und dem Münchner Klinikum Großhadern. Der offizielle Chefarzt des Lagerkrankenhauses hat in den sechziger Jahren selbst einmal einen Fluchtversuch unternommen. Zusammen mit anderen Lagerbewohnern hat Georg Packmor den Flüchtling in Argentinien abgeholt und zurück ins Lager gebracht. Hartmut Hopp war schon als Kind in Siegburg Mitglied der Sekte.

Heute ist er der weltgewandte Verbindungsmann der «Colonia» nach außen. Er spricht fließend Englisch und Spanisch und ist ein enger persönlicher Vertrauter der Familie Pinochet. Enger noch als zu Augusto Cesar Pinochet ist seine freundschaftliche Verbindung zur Pinochet-Gattin Lucia. Hopp gibt sich seriös und verfügt innerhalb des Fundo über einen besonderen Status. Er kann, wann immer er will, durch die Welt fliegen, die Privatflugzeuge der «Colonia» stehen ihm zur Verfügung und alle anderen Dienstleistungen. Er war Paul Schäfers «Lieblings-Sprinter» und gehorcht dem «Colonia»-Führer (Hopp über Schäfer: «Der Mensch mit der größten Liebesfähigkeit, die ich je kennengelernt habe») aufs Wort. Er hat eine einflußreiche

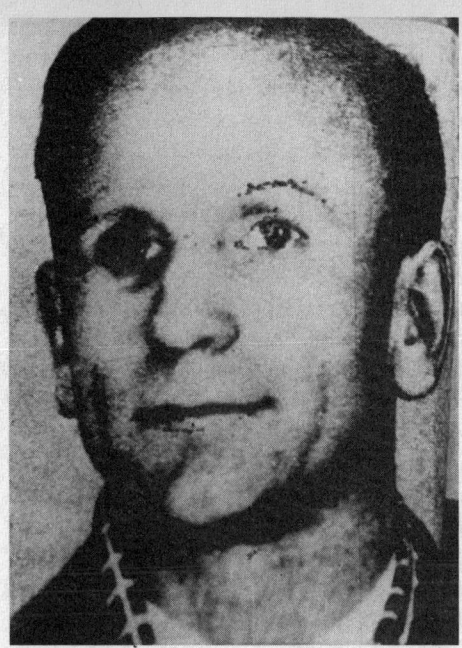

Paul Schäfer

Position und scheint diese auch zu genießen. Im Städtchen Parral ist Hopp Vorsitzender des Nachbarschaftsrats, des Stadtrats und Mitglied des Ausschusses für Gemeindeentwicklung, des «Consejo de desarrollo Comunal». Innerhalb der «Colonia Dignidad» übernimmt Hartmut Hopp genau wie Paul Schäfer keine offizielle Funktion. Hopp hat seinen ersten Wohnsitz in der Bundesrepublik gemeldet. Verheiratet ist er seit wenigen Jahren mit «Dorchen», Dorothea Witthan, der etwa zehn Jahre älteren ehemaligen Beamtin im Bundespostministerium. Hopp trägt eine Waffe, für die er auch einen Waffenschein hat.

Offizieller Präsident der «Gesellschaft für Erziehung und Wohltätigkeit Würde» ist Hermann Schmidt. Der ehemalige Luftwaffenoffizier und Nationalsozialist war in Hamburg Prediger der Baptistengemeinde. Der heute hochbetagte Mann gilt nur als Aushängeschild der «Colonia Dignidad». Er spricht für das Lager in der Öffentlichkeit.

Offizieller Stellvertreter von Hermann Schmidt ist Kurt Schnellenkamp. Der heute 62 Jahre alte Kaufmann ist eine der Schlüsselfiguren der «Colonia Dignidad». Er reist als Einkäufer des Fundo durch Chile und, wenn nötig, auch nach Europa. Seine Kontakte sichern der «Colonia Dignidad» das Überleben. Schnellenkamp, auch er trägt eine waffenscheinpflichtige Pistole, hält Verbindung zu Firmen und, wichtiger noch, zu Behörden, zur Polizei und zum Heer. In der «Colonia»-internen Zuständigkeitsverteilung hat er die Militärkontakte.

Einflußreicher noch als Kurt Schnellenkamp ist Albert Schreiber. Er, etwa 53 Jahre alt und im Lager «Fingerhut» genannt, gilt als Politiker und Taktiker. Innerhalb der «Colonia Dignidad» hat er sich als Zuträger Schäfers hochgedient. Ständig trägt er ein kleines Notizbuch bei sich. Ganz offen benutzt er ein kleines Tonbandgerät, um ständig Gespräche mitzuschneiden. Deshalb wird er auch «der Spion» genannt. Die Polizeistationen in Catillo, die Behörden und Polizeiposten in Parral und Linaris unterstehen seiner «Aufsicht»: Benimmt sich einer der Polizisten oder Beamten der gegenüber «Colonia» nicht angemessen, hagelt es Beschwerden. Und Schreiber wendet sich nur an die erste Adresse, an Santiago. Wenn es sein muß, fliegt er in Begleitung eines anderen «Colonia»-Vorstandsmitglieds kurzentschlossen in die Hauptstadt zu General Mendoza. Der Kontakt zu Justiz- und Innenministerium gehören zu seinem Aufgabenbereich, zum Ehepaar Pinochet und den deutschsprechenden Mitgliedern der Regierungs-Junta, General Stange und General Matthei. Schon vor dem Pinochet-Putsch machte sich das enge Einflußgeflecht bis in höchste Regierungskreise bezahlt. Der christdemokratische Landrat der Region Linares, Intendent Taricco, wurde von der «Colonia Dignidad» aus seinem Amt gedrängt und mit Prozessen überzogen. Damals, 1968, wurde der Einfluß der «Colonia Dignidad» auf Würdenträger und Behörden im Land sogar institutionalisiert, die «Nationale Vereinigung von Mitgliedern und Freunden von Dignidad», die «Asociacion de Miembros y Amigos de Dignidad», wurde gegründet. Vorsitzender ist heute Enrique Fuentes, dessen Gattin der Polizei in Parral gerne als unabhängige Dolmetscherin zur Verfügung steht.

Der Justitiar von «Dignidad» ist Hans-Jürgen Blank. Der Zweiundfünfzigjährige wird im deutschen Vereinsregister als «Lehrer» geführt. Doch Blank ist Klempnermeister. Zwar hat er im Abendstudium mehrere Semester Jura studiert, das Studium jedoch nie abgeschlossen. Hans-Jürgen Blank hat mit beachtenswerter Professionalität bisher alle Prozesse der «Colonia Dignidad» sowohl in der BRD als auch in Chile detailliert vorbereitet und deutschen Rechtsanwälten des Lagers ausgeklügelte Entwürfe von Schriftsätzen übermittelt. Blank führt in der «Colonia Dignidad» ein umfangreiches Archiv, in dem, sortiert nach Schlagwörtern oder, im Personenregister, nach Anfangsbuchstaben, alle erreichbaren Informationen über Personen abgelegt sind, mit denen die «Colonia Dignidad» zu tun hat oder sich zukünftig beschäftigen will. In diese Personalakten werden auch die kleinen intimen Details aufgenommen, die sich die «Colonia Dignidad» aus Klatsch-Illustrierten, über Polizeikontakte und aus Behörden beschafft. Seine Frau Erika («der Drache») kümmert sich um die Finanzen.

Paul Schäfers ehemaliger Konfirmand Gerhard Mücke, Spitzname «Mauk», ist der Mann für «Spezialaufträge». Die geflüchteten Ehepaare geben unterschiedliche Beschreibungen von dem etwa fünfzigjährigen Malermeister. Die einen sehen in ihm den «Schläger Nummer eins», dem schnell die Hand ausrutscht und der Schäfer-hörig auch «Schmutzarbeit» verrichtet, die anderen einen «sympathischen» Herrn. Hugo Baar: «Leider ist er auch einer von denen, die im Auftrage von Schäfer kräftig zuschlagen.» Gerhard Mücke, als Leibwächter ständig um Paul Schäfer, ist von Anbeginn in Chile und nie in seiner Funktion degradiert worden. Er weiß alles, was bisher in der «Colonia Dignidad» geschehen ist. «Innenminister» im Fundo ist Rudi Cöllen, der sich von Karl van den Berg, einem Holländer, vertreten läßt. Beide sind für ihre Schlagkräftigkeit bekannt.

Die Leiterin des Krankenhauses der «Colonia Dignidad» war viele Jahre Dr. Gisela Seewald. Die Kinderärztin ist verantwortlich für Zwangsbehandlungen mit Psychopharmaka, gibt den Lagerbewohnern ständig «in einem weißen Tütchen ohne Aufschrift ein weißes Pulver, das man dann einnehmen muß» (Lotti Packmor), und handhabt, das bestätigt auch Hugo Baar, das Elektroschockgerät. Ihr Mann, Dr. phil. Gerd Seewald, ist chilenischer Staatsbürger und offizieller Leiter der Lagerschule. Zusammen mit drei Mädchen und der Frau des Präsidenten Schmidt verwaltet er in einem Büro die «Seelsorgesammlung» von Paul Schäfer. Er kennt alle vertraulichen Dokumente, hat Zugang zu den Personalakten und den Ausweispapieren aller Bewohner, kennt die auf Tonbandkassetten aufgenommenen Gespräche. Während andere Mitglieder der Führungsschicht allenfalls selektiv Zugang zu vertraulichen Informationen haben, kann er uneingeschränkt über alle in der «Colonia» aufbewahrten Informationen verfügen. Dr. Seewald zensiert alle Briefe, die das Lager verlassen und hält einmal in der Woche einen Vortrag vor den Lagerbewohnern.

Genau wie Gerhard Mücke war Alfred Matthusen, Spitzname «Knülles», Konfirmand beim Gemeindehelfer Paul Schäfer. Matthusen, etwa 52 Jahre alt, wohnt heute in Hennef und vertritt die Interessen der «Colonia Dignidad» als Geschäftsführer der «Schaak oHG Deutschland». Vor seinem überstürzten Wechsel auf den Posten in der Bundesrepublik war Alfred Matthusen Leiter des Stadthauses der «Colonia Dignidad» in Santiago und zuständig für alle Kontakte in der Regierungs-Junta. Als Zollexperte hatte er für die reibungslose Einfuhr von Waren aus der Bundesrepublik zu sorgen. Und schließlich mußte er regelmäßig in der deutschen Botschaft von Santiago vorbeischauen. Einmal ist selbst Matthusen geflohen. Weil er und seine Frau kein gemeinsames Zimmer hatten, in dem sie sich zumindest an den wenigen Abenden treffen konnten, die Alfred Matthusen überhaupt noch im Lager verbrachte, verließ er nach sorgfältiger Vorbereitung Santiago und flog nach Deutschland. Dort jedoch gelang es Alfred Schaak, ihn zur Rückkehr zu bewegen. Inzwischen ist Alfred Schaak tot, und Alfred Matthusen hat seine Stellung eingenommen.

Alfred Schaak starb, nachdem er Besuch aus Chile erhalten hatte. Am 11. Oktober 1985 rief Sektenmitglied Rita Seelbach, die Sekretärin des damaligen «Colonia»-Vertreters in Deutschland, Alfred Schaak, in Düsseldorf bei der Spedition «Transservice» an. Die Spedition hat über lange Jahre alle Transporte für die Sekte erledigt, daraus ist ein privater Kontakt zu den Geschäftsleuten Ingrid und Peter Prüfer entstanden. Die Geschäftsleute waren in Urlaub. Am 21. Oktober rief Rita Seelbach erneut an und teilte den Spediteuren mit, daß Alfred Schaak verstorben sei. Am nächsten Tag fuhren Ingrid und Peter Prüfer nach Hennef zur Deutschlandzentrale der Kolonie. Dort berichtete ihnen Rita Seelbach vom mysteriösen Tod ihres Chefs.

Alfred Schaak habe noch Besuch aus Chile gehabt und die Herrschaften herumchauffiert, als er am Wochenende des 5. Oktober 1985 früher als erwartet zurückgekehrt sei. Er habe sich unwohl gefühlt, sei auf sein Zimmer gegangen und habe sich hingelegt. Er habe ausdrücklich darum gebeten, alleingelassen zu werden.

Als Rita Seelbach dann doch nach Alfred Schaak schaute, stellte sie fest, daß das Gesicht des Mannes sich schwarz verfärbt hatte. Daraufhin habe sie, berichtete Rita Seelbach dem Ehepaar Prüfer, sofort den

Notarzt gerufen, der Alfred Schaak ins Krankenhaus Siegburg eingewiesen habe. Von dort soll Alfred Schaak in die Bonner Universitätskliniken verlegt worden sein. Am 11. Oktober sei Rita Seelbach «mit einem ganz komischen Gefühl» zum Krankenhaus gefahren. Dort wurde ihr mitgeteilt, daß Alfred Schaak gestorben ist.

Am 22. Oktober 1987 erschien dann Hartmut Hopp. Hartmut Hopp kam aus Chile angeflogen und wollte sich um die Freigabe des Leichnams bemühen. Außerdem wollte er, unabhängig von den Untersuchungen in der Bundesrepublik, Gewebeproben in Chile vornehmen lassen. Die Leiche sei obduziert worden, ein Ergebnis liege noch nicht vor. Ingrid und Peter Prüfer: «Wir hatten den Eindruck, daß Herr Dr. Hopp um die Freigabe der Leiche kämpfen mußte. Auf unseren Vorhalt, daß Herr Schaak im Gesicht vollständig verfärbt gewesen sein soll, sagte Dr. Hopp: ‹Eine toxische Ursache ist nicht auszuschließen›. Herr Schaak war Drogist. Wir gehen davon aus, daß er sich nicht zufällig vergiftet.»

Weil die Todesursache noch nicht geklärt und der Leichnam noch nicht freigegeben sei, so Hopp am 22. Oktober 1987, müsse er sich weiterhin in der Bundesrepublik aufhalten. Das Ehepaar Prüfer vermutete, daß sich Alfred Schaak das Leben genommen hat.

Solches zu behaupten, ließ die «Colonia Dignidad» jedoch verbieten. Am 27. 11. 1987 schreibt der Kölner Rechtsanwalt Norbert Gatzweiler an mich und den Westdeutschen Rundfunk und fordert eine Unterlassungs- und Wiederrufserklärung des Satzes «Teilhaber Schaak hat sich das Leben genommen». Beigelegt war dem Schreiben eine per Telekopie aus Chile geschickte Prozeßvollmacht von Eva Schaak geb. Jabs, die nach Aussagen von Geflüchteten über sechzehn Jahre von ihrem Mann getrennt in Chile lebte, und ein Leichenpaß. Alfred Karl Adolf Schaak, Kaufmann, sei am 11. 10. 1985 in Bonn-Beuel im Alter von 59 Jahren eines natürlichen Todes gestorben, steht in dem Transportdokument, das für die Überführung der Leiche von Bonn über Frankfurt zum Flughafen «Commodore Merino Benidez» in Santiago de Chile ausgestellt wurde. Datum: 17. Oktober 1985, vier Tage vor der Rückkehr des Ehepaares Prüfer aus dem Urlaub, fünf Tage vor dem Zusammentreffen des Ehepaares mit dem aus Chile herbeigeeilten Lagerarzt Hopp, der sich danach erst um die Freigabe der Leiche kümmern wollte. Ausstellungsort: Bonn-Beuel. Im Krankenhaus Bonn-Beuel wurde Hartmut Hopps Ehefrau zur Krankenschwester ausgebildet.

Die «Abgefallenen»
Flucht aus der «Colonia Dignidad»

1963 bemühte sich die in Bonn lebende Mutter von Wolfgang Müller, ihren in Chile verschwundenen Sohn wiederzusehen. Sie fuhr zu Hugo Baar und bettelte und flehte um ihren Sohn, von dem sie nur eines wußte, daß er irgendwo in Südamerika ist. Sie wollte ihn sehen und wieder bei sich haben. Das sei wohl möglich, meinte Hugo Baar. Doch nur in Chile. Die Reise mußte sie sich in den Geschäften der «Privaten Socialen Mission e.V.» als Verkäuferin verdienen. Dann flog sie nach Chile und verschwand dort. Paul Schäfer hatte wieder eine Seele mehr.

Zwar hatte ihr Sohn zur gleichen Zeit aus Chile einen Hilferuf an sie geschickt. Erhalten hat Vera Müller, Jahrgang 1921, zeitweise Sekretärin im Bundesverteidigungsministerium in Bonn, den allerdings nicht. Zwei freundliche Mitglieder der «Privaten Socialen Mission e.V.» nämlich hatten sich in ihrer Wohnung einquartiert. Angeblich aus Hilfsbereitschaft. Die Schwestern, ausgeschickt von Hugo Baar in Siegburg, hatten jedoch nur die Aufgabe, den Brief von Wolfgang Müller aus Chile abzufangen. Ahnungslos flog Vera Müller nach Südamerika.

Vera Müller, die gar nicht begriff, daß sie sich freiwillig in Gefangenschaft begeben hatte, verschwand zuerst im Frauenhaus. Ihren Sohn sah sie nicht. Statt dessen wurde sie als «Aufsässige» mit Elektroschocks und Psychopharmaka behandelt. Ihr Sohn schuftete derweil in einer Gruppe, in die er eingewiesen worden war, weil er schon 1962 einen ersten Fluchtversuch unternommen hatte. Nachts war er heimlich aus dem Schlafhaus quer über den Hof in den Pferdestall geschlichen, hatte im Dunkeln eines der Pferde gesattelt und war dann in Richtung Panamericana geritten. Das Pferd hatte er, noch ganz ordentlicher Junge, an einer Tankstelle abgestellt und mit einem Zettel versehen, wer der rechtmäßige Besitzer sei. Er trampte nach Chillian und wurde dort von einer spanischen Familie aufgenommen. Die «Colonia Dignidad» suchte den Flüchtigen über Rundfunk und Zeitung. Überall prangte sein Foto in der Presse. Die «Colonia Dignidad» setzte ein Kopfgeld aus.

Die «Colonia Dignidad» und die Carabineros fanden dann den

Ausreißer gemeinsam. Und der, noch nicht 21 Jahre alt und damit nicht volljährig, wurde einfach zurückgebracht. Danach ging es erst richtig los. Hugo Baar in Deutschland und der «Präsident» der «Colonia Dignidad», Luftwaffenoffizier Hermann Schmidt, waren Vormund von Wolfgang Müller. Wolfgang Müller wurde von der Gruppe getrennt und mußte allein in der Schreinerei und auf dem Feld arbeiten. Niemand durfte mit ihm sprechen. Die Kameraden wechselten sich turnusmäßig in seiner Bewachung ab.

Aber da der Nutzwert jeder Arbeitskraft letztlich höher bewertet wurde als die Strafaktion, wurde Wolfgang Müller schließlich in eine Gruppe von Arbeitern der «Colonia Dignidad» eingeteilt, die in Santiago ein Haus anstreichen sollte. Nachts schlich er auch von dort wieder weg und floh nach Temuco. Wie er selbst dort wieder gefunden werden konnte, weiß Wolfgang Müller bis heute nicht.

Zurück in der «Colonia Dignidad», wurde er total isoliert. Zwei Sekten-Mitglieder bewachten ihn ständig, selbst nachts wurde er nicht alleine gelassen. Heinz Kuhn, der ehemalige Damenfrisör, mußte ihm die Haare ganz kurz scheren. Wolfgang Müller erhielt für drei Jahre absolutes Sprechverbot. Er bekam immer weniger zu essen und zu trinken als die anderen Arbeiter auf dem Feld. Auf dem Friedhof des Lagers mußte er Gräber ausheben. Dreimal am Tag sollte er eine bestimmte Tablette schlucken. Danach fühlte er sich matt, niedergeschlagen und willenlos. Wolfgang Müller simulierte schließlich nur. Er schluckte die Tablette nicht, sondern versteckte sie irgendwo im Zwischenraum von Oberkiefer und Mundhöhle.

«Ich habe diese Tablette im Mund weggedrückt und habe dabei, was ich zum Nachspülen hatte, auf der anderen Seite vorbeirauschen lassen; den Kehlkopf immer schön artig bewegt, damit derjenige, der mir das verabreichte und der mir genau gegenüberstand, das beobachten konnte. Einmal habe ich Pech gehabt, und das hat mir dann eine fürchterliche Tracht Prügel eingebracht. Da hat man mich mit Keilriemen gezüchtigt, wie sie bei normalen Motoren gebraucht werden, mit vier Personen, aus allen Himmelsrichtungen, und dann gib ihm, egal wohin, auf die Hoden, auf die Augen, auf den Rücken.»

1966 unternahm er zum drittenmal einen Fluchtversuch. Unbemerkt von seinen Bewachern, entkam er über den Fluß Perquilauquén. Es war Sommerzeit, und der Fluß führte kaum Wasser. In kurzen Hosen und den Stiefeln mit dem auffälligen Profil schlug er sich durch Brombeerhecken bis zur nächsten Siedlung. Von der «Colonia

Dignidad», wo die Alarmsirenen heulten, wurden Suchtrupps mit starken Akku-Scheinwerfern und Schäferhunden ausgeschickt. In einem Taxi versteckt, vorbei an Wachposten der «Colonia Dignidad», gelang es Wolfgang Müller mit Hilfe der örtlichen Bevölkerung schließlich, bis nach Santiago zu kommen. Dort ging er geradewegs zur deutschen Botschaft und erzählte alles, was er erlebt hatte. Von der Zwangsarbeit, den Überwachungseinrichtungen, den Prügelorgien, der Zwangsbehandlung mit Psychopharmaka, von der in der «Colonia Dignidad» verschwundenen Mutter, die er nur zwei-, dreimal auf dem Weg zur Feldarbeit zufällig gesehen hat, und auch von Paul Schäfers Angewohnheit, jede Nacht abwechselnd einen anderen Jungen, seinen «Sprinter», bei sich im Bett schlafen zu lassen.

Es kam zum Skandal, denn Wolfgang Müller erzählte diese Geschichte nicht nur der deutschen Botschaft, sondern auch einem Zeitungsreporter, der die Horrorgeschichte veröffentlichte. Die «Colonia Dignidad» wollte ihr «Mündel» Wolfgang Müller wiederhaben. Müller, der von der chilenischen Polizei bewacht und beschützt wurde, verbarrikadierte sich in dem deutschen Altersheim, in dem ihn die Botschaft untergebracht hatte. Ganze Stoßtrupps der «Colonia Dignidad», immer dabei Gerhard Mücke, der Malermeister aus Siegburg, der in der chilenischen Presse nur «der Maler» genannt wird, und Paul Schäfers Leibwächter versuchten, das Altersheim zu stürmen. Als dann auch noch dem «Colonia»-Mitglied Wilhelmine Lindemann die Flucht gelang, war der Skandal perfekt. Die chilenische Polizei stellte schließlich offiziell fest, daß Wilhelmine Lindemann an den «Folgen von Mißhandlungen» litt. Sie habe «zahlreiche Nadelstiche in den Beinen und offenkundige Anzeichen einer Vergiftung».

Der «Colonia Dignidad» blieb nur noch eins: die Denunziation. Wolfgang Müller wurde von seinen Vormündern wegen Verleumdung, übler Nachrede, Diebstahl und – ausgerechnet – «Sodomie» vor Gericht gezerrt. «Gestohlen» haben soll er das Pferd, das er bei seiner früheren Flucht benutzt hatte. In Deutschland, wo Paul Schäfers Vorleben öffentlich wurde, ging Prediger Hugo Baar zum Gegenangriff über. Sein Mündel sei ein «notorischer Lügner», geisteskrank gar, kriminell, ein «Abgefallener» eben. Im Prozeß gegen Müller legte die «Colonia Dignidad» ein psychiatrisches Gutachten vor, das Müllers geistige Unzurechnungsfähigkeit bestätigen sollte. Gutachterin: Dr. Gisela Seewald, die Lagerärztin. Und als das auch noch nicht genügte, wurde ein zweiter, ein «unabhängiger» Gutachter hinzugezogen, der Gisela Seewalds Urteil bestätigte. Dieser Gutachter mußte später gegenüber der deutschen Botschaft kleinlaut zugeben, den Patienten Wolfgang Müller nie zu Gesicht bekommen zu haben. Die Ferndiagnose hatte er im Vertrauen auf das «Urteil meiner Kollegin Dr. Gisela Seewald» gestellt. Ein von der Botschaft beauftragter Psychiater diagnostizierte etwas ganz anderes. Am 6. März 1966 schrieb der Assistenzarzt und Dozent an der psychiatrischen Universitätsklinik der Universität Chile, Dr. Klaus Fink:

«Der einzige Punkt, der nicht klarliegt, ist der Inhalt seiner (W. Müllers, G. G.) Erlebnisse. Die ganze Geschichte seiner Erlebnisse auf dem Gut El Lavadero erscheint beinahe als etwas Phantastisches, was man nur glaubt, in Kriminalromanen zu finden. Man könnte vermuten, daß Herr Müller ein Pseudologe (chronisch krankhafter Lügner) sei. Um diese Vermutung zu beweisen oder auszuschließen, wird eine polizeiliche Untersuchung benötigt, die außerhalb des Bereichs dieser gutachterlichen Untersuchung steht. Trotzdem muß man betonen, daß der Bericht des Patienten durch seine semiologischen Züge klinisch nicht als eine Fabulation erscheint. (...) Im Moment der Untersuchung erscheinen keine Symptome oder Persönlichkeitszüge, die eine Schizophrenie vermuten lassen.»

Doch vor Gericht wurde nicht gegen die «Colonia Dignidad» verhandelt, sondern gegen Wolfgang Müller. Eine Prüfung der Verhältnisse in der Kolonie war nicht vorgesehen. Heinz Kuhn, der inzwischen nicht mehr in dem Lager lebt, und der «Bürgermeister» der «Colonia Dignidad», Hermann Schmidt, waren dazu ausersehen, beim Prozeß gegen Wolfgang Müller für die richtige Stimmung bei Richtern und Staatsanwalt zu sorgen.

Heinz Kuhn: «Ich mußte hingehen und den Leuten erzählen, daß es sich bei Wolfgang Müller um jemanden handelt, der Lügenmärchen erzählt, der schizophren ist, der seine Anfälle hat. Und dann mußte ich jedem sagen, daß Paul Schäfer tot ist, daß es ihn im Lager überhaupt nicht gibt. Daß das nicht stimmte, lag auf der Hand. Ich mußte ihm täglich zweimal Bericht erstatten, was ich alles unternommen hatte. Dann liefen die Prozesse. Ich zog mit Schmidt durch die Lande und habe mit Richtern, Abgeordneten, Persönlichkeiten und Rechtsanwälten gesprochen. Wir haben die Gerichtsunterlagen beiseite geschafft und sie mit einer kleinen Kamera abfotografiert.»

Obwohl Wolfgang Müller spanisch sprechen konnte, durfte er vor

Gericht nur deutsch sprechen. Den Dolmetscher hatte die Lagerleitung denn auch besonders freundlich behandelt. Mit Frau und Kind wurde er in die «Colonia Dignidad» eingeladen und zuvorkommend bewirtet, kleine und größere Geschenke wurden dem Offizier übergeben. Heinz Kuhn: «Und dann kam es halt, daß Wolfgang Müller buchstäblich verdolmetscht wurde. Der Richter verstand ja kein Wort Deutsch.» Das Urteil war hart: Fünf Jahre und einen Tag sollte Wolfgang Müller ins Gefängnis wegen Verleumdung und Diebstahl eines Pferdes.

Die Zeitungen berichteten groß über den Prozeß. Wolfgang Müller wurde der Schwarm chilenischer Mädchen. In Omnibussen kamen Schulkinder zum Gefängnis in Parral, um mit Blumen und Schokolade um den Gefangenen zu werben. Wolfgang Müller: «So viele Heiratsangebote habe ich mein Leben noch nicht bekommen wie damals.»

Mit Unterstützung der Öffentlichkeit im damals vom demokratischen Präsidenten Eduardo Frei, einem Christdemokraten, regierten Chile, gelang es Wolfgang Müller schließlich über die deutsche Botschaft, auch seine Mutter aus der «Colonia Dignidad» zu befreien. Auch Wolfgang Müllers Mutter berichtete von Folterungen, Zwangsbehandlungen mit Psychopharmaka und von dem Elektroschockgerät im Krankenhaus der «Colonia Dignidad». Zweifel an der Glaubwürdigkeit von Vera Müllers Aussagen konnten kaum aufkommen. Vera Müller hatte Brandmale an den Schläfen, war krank und abgemagert. Die Elektroschock-Behandlung wurde sogar noch medizinisch begründet. Am 17. März 1966 schrieb ein Professor Dr. Alfred Auersperg der «Universität Concepcion, medizinische Fakultät, Psychiatrische Abteilung»: «Da die schizophrene Symptomatologie der Patientin in außerordentlicher Weise die Sphäre ihres Bewußtseins betrifft, scheint eine Elektroschockbehandlung dringend erforderlich.» Dieses Schreiben ging auch zu den Unterlagen der deutschen Botschaft in Santiago.

Als Lehre aus dem «Fall Müller» schickte die «Colonia Dignidad» ihre Mitglieder schon vorbeugend zum Psychiater Dr. Mario Mujica, um von ihm eine psychiatrische Behandlung im Krankenblatt eintragen zu lassen. Später stand auch ein Dr. Varras aus Santiago für solche Gefälligkeitsgutachten zur Verfügung. Bei weiteren (wenig erfolgreichen) Fluchtversuchen von Mitgliedern konnte man dann darauf hinweisen, daß das betreffende Mitglied der Gemeinschaft leider «psychisch krank» sei, es habe schon in den sechziger Jahren einem Psychiater vorgestellt werden müssen.

Am 6. April 1967 verließ Wolfgang Müller mit Flug LH 501 Südamerika. Seine Strafe mußte er nicht antreten. Ohne Schulausbildung, dafür mit knapp 30 000 Mark Schulden für Gerichts-, Anwalts- und Reisekosten, mußte er sich in der Bundesrepublik zurechtfinden. Auch dort wurde er wieder von der «Colonia Dignidad» mit Verleumdungsklagen überzogen. Fast zehn Jahre war er in den Klauen der Sekte. Wolfgang Müller lebt heute wie seine schwerkranke Mutter in Hamburg.

Spätestens seit dem Fall Müller wußten die deutschen Diplomaten in Santiago und in Bonn von den merkwürdigen Vorgängen in der «Colonia Dignidad». Außerdem trafen immer wieder hilflose Briefe von Angehörigen in der Botschaft ein, die verzweifelt nach ihren Kindern, Geschwistern und Eltern suchten, die sie in der Kolonie vermuteten.

Im April 1966 berichtete das Fernsehen des Westdeutschen Rundfunks über die Vorgänge in Chile und in Gronau. Auch Zeugen, Angehörige von in der «Colonia» verschwundenen Sektenmitgliedern, wurden vor die Kamera gebracht. Hugo Baar ließ das kalt: «Alles Lüge, einen Paul Schäfer gibt es bei uns nicht. Wir haben uns schon 1961 von Herrn Schäfer getrennt.»

Paul Schäfer, der Mann auf der Fahndungsliste von Interpol, war offiziell tot. Lagerärztin «Dr. med. G. Seewald, Parral» schrieb denn auch in ihrem «psychiatrischen Gutachten» über Wolfgang Müller: «Seine (Wolfgang Müllers, G. G.) Erklärungen zu seinen angeblichen homosexuellen Erlebnissen im Jugendheim Heide lassen sich leider nicht mehr prüfen, da der Aufenthalt des Beschuldigten unbekannt ist.» Der «Beschuldigte», Sektenchef Schäfer, sei unauffindbar, tot gar.

Als «Dr. Paul Schneider», manchmal auch als «Professor Schneider» lebte Paul Schäfer jedoch quietschvergnügt weiter. Offiziell hat er in der Kolonie ohnehin keine (juristische) Funktion. Bis auf Dr. Gerd Seewald, den offiziellen Leiter der Lagerschule, besitzen immer noch alle Lagerbewohner die deutsche Staatsbürgerschaft (nur die in Chile geborenen Kinder erhalten automatisch auch die chilenische Staatsbürgerschaft). 1974 besuchte Paul Schäfer ungehindert die Bundesrepublik, obwohl der Haftbefehl gegen ihn noch bestand.

1968 gelang auch Heinz Kuhn – unter ähnlich dramatischen Umständen wie Wolfgang Müller – nach zwei vergeblichen Versuchen erfolgreich die Flucht. «Ich hatte die Nase voll, wie man so sagt, gestrichen voll. Denn das, was ich draußen reden mußte, und das, was ich drinnen sah, das waren zwei verschiedene Welten. Ich konnte nicht mehr, und ich wollte nicht mehr. Denn ich sah zu der Zeit den Müller (zeitweise lebten in der ‹Colonia Dignidad› drei Sektenmitglieder, die zufällig alle Wolfgang Müller heißen. G. G.), wie er zusammengeschlagen, blutig im Gesicht, in dem angeblichen Krankenhaus wie ein Tier im Käfig gehalten wurde. Das Zimmer im Krankenhaus war abgeschlagen mit Leisten. Und dahinter lag er auf einer Pritsche.»

Heinz Kuhn sollte jemanden zurück ins Dorf bringen. «Das war ausgerechnet eine Sekretärin vom Gericht, die zu Besuch im Fundo war. Paul Schäfer hat mich gefragt, ob ich sie zurückfahren wollte. Und da habe ich nein gesagt. Das war mein Glück. Denn Paul Schäfer hat mir dann befohlen, sie wegzufahren. Und nachdem ich die Frau vor ihrem Haus abgesetzt hatte, bin ich einfach weitergefahren.» Dr. Mujica, ausgerechnet jener Arzt, der psychiatrische Gefälligkeitsgutachten für die Kolonie schrieb, verbarg Heinz Kuhn. «Die kamen mit einem Krankenwagen zum Haus von Dr. Mujica und wollten mich abholen. Aber der hat die nicht reingelassen. Und die Leute vom Fundo wußten nicht recht, was sie tun sollten und was ich dem Doktor erzählt hatte.»

Dr. Mujica hatte für das Lagermitglied Ursel Schmittke einen Totenschein ausgestellt, ohne die Tote auch nur gesehen zu haben. Er fühlte sich von der «Colonia Dignidad» ausgenutzt. Ursel Schmittke galt im Lager als «zu keß», sie nahm nicht alles widerspruchslos hin. Immer öfter wurde sie bei «Herrenabenden», einmal sogar bis zur Bewußtlosigkeit, verprügelt. Angeblich, weil ihre Haare unter dem Kopftuch herausgeschaut hätten. Es kam zum obligatorischen «Abendgespräch». Ursel Schmittke wurde grün und blau geschlagen. Das damals gerade sechzehnjährige Mädchen unternahm einen Fluchtversuch.

Heinz Kuhn: «Eines Morgens kam Paul Schäfer und sagte: ‹Die Ursel ist weg.› Ich wurde zusammen mit Gerhard Mücke und anderen in ein Suchkommando eingeteilt, und mit Hunden mußten wir sie suchen. Am Fluß fanden wir sie dann. Sie hing auf einem Felsbrocken in der Mitte des Flusses. Sie war tot. Gerhard Mücke band sich ein Seil um den Bauch, damit er von der Strömung nicht weggerissen wurde, und schwamm zu dem Felsen, um die Leiche ans Ufer zu bringen.»

Der tote Körper wurde ins Krankenhaus gebracht. Den Lagerbewohnern teilte man mit, Ursel Schmittke sei «sehr schwer krank», sie habe eine «ansteckende Lungenentzündung», niemand dürfe sie besuchen. Zwei Tage lang wurden dann für eine Leiche Fieberkurven und Eintragungen im Krankenblatt angelegt. Dann rief Dr. Gisela Seewald Dr. Mujica an und bat um einen Totenschein. Ursula Schmittke sollte erst zwei Tage nach ihrem tatsächlichen Tod gestorben sein, nicht bei einem vergeblichen Fluchtversuch, sondern an einer ansteckenden Lungenentzündung. Beerdigt wurde das Mädchen auf dem Friedhof der «Colonia Dignidad». Wer da noch alles liegt, weiß niemand. Bei späteren Obduktionsversuchen stellten Beamte der chilenischen Polizei nur eines fest: Schon damals waren die Leichen mit einem «weißen Pulver» überstreut, das angeblich, so steht es in der chilenischen Presse, «die Verwesung beschleunigen soll».

Auch Lotti Packmor, der später selbst die Flucht gelang, weiß von verschiedenen Fluchtversuchen zu berichten.

«Etwa 1974 verließ Winfried Schmidtke... sein Name im Fundo ist ‹Biber›, klammheimlich das ‹Paradies›. Schäfer rief die ganze Dorfgemeinde zusammen, zeigte einen Zettel, den Winfried hinterlassen hatte. Darauf stand: Ich will hier nicht mehr leben. Suchen zwecklos. Alle waren betroffen, aber Schäfer war ganz guter Dinge und meinte: ‹Der kommt nicht weit. Er hat ja keine Papiere und wird schon zurückfinden.› Er schickte zwar Leute und Hunde aus, aber es war keine Spur zu finden.

Nach einigen Tagen wurde Winfried Schmidtke von der Polizei zurück ins Fundo gebracht. Man hatte ihn weit im Süden irgendwo entdeckt. Da er sich nicht ausweisen konnte, ist er von der Polizei wieder im Fundo übergeben worden. Heute ist er der erste Elektroniker des Schäfer, hat Fernsehkurse besucht, hat Unterlagen aus Deutschland, hat die teuersten Geräte und ist in gehobener Stellung bei Schäfer.

Sein Bruder, Rainer Schmidtke, hat ebenfalls einige Fluchtversuche gemacht. Er war noch sehr jung. Näheres weiß man über diese Versuche nicht. Ich weiß nur, daß der Junge sich oft den Strafen Schäfers unterziehen mußte und daß er auch in der Behandlung der Dr. Seewald war. Recht häufig. Zur Zeit arbeitet er als Gärtner in der Gärtnerei, und nach Schäfers Worten ‹läuft er jetzt gut› (...).»

In den Akten des Auswärtigen Amtes in Bonn ist unter dem Datum 22. Februar 1968 ein weiterer Fall verzeichnet, der Fall «Nathanael

Bohnau». Günther Bohnau, der einzige in der Bundesrepublik gebliebene Sohn des Rußland-Deutschen Nathan Bohnau, hatte von seinem Vater mehrere Kassiber erhalten.

«Ihr seid doch so viele Verwandte in Deutschland. Bitte holt uns da raus.» In einem anderen Hilferuf schrieb Günther Bohnaus Vater: «Uns geht es hier sehr schlecht, wir werden hier sehr schlecht behandelt. Die Kinder werden auch furchtbar geschlagen, und wem das nicht paßt und hier nicht bleiben will, wird hier bewacht. Die Mama war auch schon ein Jahr und zehn Monate eingesperrt, ich durfte in dieser Zeit unter Aufsicht ein paar Male mit ihr sprechen. Sie ist fast nur noch Haut und Knochen, bitte helft uns hier raus. Wendet Euch an die deutsche Botschaft in Santiago (...). Ich war in der Botschaft, um Hilfe zu erbitten, und hatte den Antrag gestellt, um nach Deutschland zu kommen. Dann hat mir Kurt Schnellenkamp versprochen, daß sie uns zurückschicken werden, und wir sollten den Antrag in der deutschen Botschaft zurücknehmen, und diktierten mir den Brief an die deutsche Botschaft. Nun sehe ich mich betrogen und komme nicht raus.»

Günther Bohnau: «Nach dem ersten Brief meines Vaters habe ich einen Rückführungsantrag gestellt beim Auswärtigen Amt in Bonn, habe aber nie eine Antwort darauf bekommen. Dieser Antrag sollte zur Botschaft nach Chile weitergeleitet werden, aber mir ist noch nicht einmal der Eingang des Briefes bestätigt worden.»

Frage: Haben Sie dem Amt einen Einschreibebrief geschrieben?

Günther Bohnau: «Nein, ich habe das persönlich abgegeben, bei einem Herrn Knirsch vom Auswärtigen Amt in Bonn.» Einen Herrn Knirsch gibt es im Außenamt, auch Aktennotizen über den Fall Bohnau. «Wegen der augenblicklich gespannten Lage», so ein Vermerk des Auswärtigen Amtes aus jener Zeit, müsse ein «handfester, konkreter Fall abgewartet werden», um zu handeln. Zudem habe Nathan Bohnau in der Botschaft eine «gewundene, schriftliche Erklärung» abgeben lassen. «Die Botschaft befürchtet indessen, daß die Rücknahme (der Hilferufe, G. G.) unter starker psychologischer Einwirkung der Kolonie entstanden sei.»

Aber ein Vertreter der «Colonia Dignidad» in der Bundesrepublik, Hugo Baar, habe in einem Prozeß gegen das Magazin *stern* in zweiter Instanz gesiegt. Die Einschränkung fügte das Auswärtige Amt gleich noch hinzu: In dem Verfahren sei es nicht um den Wahrheitsgehalt der schon 1967 im *stern* erhobenen Vorwürfe gegen die Sekte gegangen, sondern schlicht um die Rechtmäßigkeit einer Gegendarstellung.

Ein «weiterer, handfester Fall» war der von Mina Wagner aus Graz, den die Kollegen des Bonner Auswärtigen Amtes im österreichischen Bundesministerium für Auswärtige Angelegenheiten unter dem Aktenzeichen Zl.319.786-11/65 führten. 1966 hatte Mina Wagner noch vier ihrer sieben Kinder in der «Colonia Dignidad». Ihr Mann, Wilhelm Wagner, hatte zwar schon seinen ganzen Besitz für die Sekte verkauft, merkte jedoch kurz vor seiner beabsichtigten Abreise nach Chile, daß mit der «Glaubensgemeinschaft» etwas nicht stimmte. Er weigerte sich, mit nach Chile zu reisen. Für soviel Aufmüpfigkeit bedankte sich die Sekte mit jenem Mittel, das noch heute als Erpressungsinstrument gegen die Lagerbewohner dient. Wilhelm Wagner hatte, noch ganz im Glauben an die Prediger Baar und Schäfer, schriftlich (!) gebeichtet, daß er sich an zwei seiner Töchter vergangen habe. Die selbsternannten Prediger zeigten Wilhelm Wagner bei der österreichischen Justiz an und präsentierten den Beichtzettel. Wilhelm Wagner wurde zu drei Jahren Kerker verurteilt. Seine Kinder Emma, Willi, Edith und Irmgard wurden von der Sekte nach Chile gebracht.

Die Bonner Diplomaten hätten schon damals mehr wissen können. Im Januar 1968 nämlich war in Chile das Buch «Colonia Dignidad – Enigma o Desafio?» von H. Manuel Rodriguez Q. erschienen, in dem auf knapp einhundert Seiten über die mysteriöse «Colonia Dignidad» berichtet wurde.

Rätselhaft war auch die Reaktion der Bonner Diplomaten auf einen weiteren Fall. Unter dem Aktenzeichen RK V 3 SK 9230 schrieb am 3. November 1966 Attaché Woltmann dem Rechtsanwalt eines Vaters, der seine zwei Söhne aus der «Colonia» befreien wollte: «Die von einem Sonderrichter geführten Ermittlungen über die Verhältnisse in der Kolonie ‹Dignidad› gehen nur sehr langsam voran. Das chilenische Außenministerium kann Anfragen der Botschaft deshalb nur unzureichend beantworten. Die Leiter der Kolonie geben keine Auskünfte über Angehörige der Mission und können von der Botschaft auch nicht dazu gezwungen werden.»

Einige Auskünfte muß die Botschaft wohl doch erhalten haben, denn sie wollte den Vater beruhigen, der seine Söhne Wolfgang und Michael in den Klauen Schäfers sah: «Es ist richtig, daß einer der früher leitenden Männer der Mission, der in Deutschland wegen Unzucht mit Minderjährigen gesucht wird, auch in der Kolonie gelegentlich abartige Beziehungen zu Kindern unterhalten haben soll – nach Informationen der Botschaft aber nicht mit den Söhnen Ihres Herrn Mandanten. Dieser Mann ist Anfang dieses Jahres entflohen. Sein Treiben wurde von der Mission mißbilligt, aber wegen seiner starken persönlichen Ausstrahlungskraft nicht unterdrückt. Zur Zeit dürfte für Herrn H. insoweit kein Anlaß mehr zur Sorge bestehen.»

«Nach Informationen unserer Botschaft aber nicht mit den Söhnen Ihres Herrn Mandanten», steht in der Paranthese. Woher, bitte schön, wollte das der Attaché, dem jede Auskunft verweigert wurde, wissen. Und dann schreibt er weiter: «Die Meldungen in Presse und Fernsehen waren oft stark übertrieben und teilweise unrichtig.»

Die christdemokratische Regierung unter Präsident Eduardo Frei setzte schließlich eine Sonderkommission ein. Vom 13. März bis zum 22. November 1968 beschäftigten sich 45 Mitglieder des chilenischen Abgeordnetenhauses mit der «Colonia Dignidad». Die Untersuchungskommission veröffentlichte schließlich das «Bulletin Nr. 11.002». Darin wurde die «Kolonie Würde» mit 38 Ja- und 8 Nein-Stimmen fast vollkommen entlastet. Die Kolonie erfülle voll ihre Zielsetzung. Sie verfolge keine wirtschaftlichen Interessen. Die Kolonie hatte es wieder einmal geschafft.

Am 12. August 1968 teilte die *Bonner Rundschau* unter der Überschrift «Die Siegburger Auswanderer sind rehabilitiert» in einer kurzen Meldung mit, der Siegburger Bürgermeister Adolf Herkenrath habe die Anwesenheit des chilenischen Botschafters Camillo Pérez de Arce, den «schon lange eine herzliche Freundschaft mit dem Bürgermeister verbindet», als «sichtbares äußeres Zeichen für die Bereinigung der Spannungen zwischen Siegburg und Santiago» angesehen. Und ein Sprecher des Botschafters über die Kolonisten in Chile: «Die Leute in Chile haben sich nur etwas merkwürdig benommen.»

1984 und 1985 gelang drei Personen die Flucht, die bis dahin zum engsten Führungskreis der «Colonia Dignidad» zählten. Am 14. Dezember 1984 verließ in Santiago de Chile ein älterer Herr den Lkw der «Colonia Dignidad» und beschloß, nicht mehr ins Lager zurückzukehren. Es war Hugo Baar, mit Paul Schäfer Gründer der Sekte. Dem ersten Flüchtigen, seinem «Mündel» Wolfgang Müller, hatte er nach dessen Ankunft in Deutschland noch Detektive hinterhergeschickt und Prozesse gegen ihn organisiert. Er war auch der Prozeßbevollmächtigte der «Colonia Dignidad» in einem Verfahren gewesen, das das Lager der Deutschen gegen die Gefangenenhilfsorganisation «amnesty international» und dem *stern* angestrengt hatte. Und nun war der Stellvertreter abgehauen.

Im März 1985 gelang Lotti Packmor, geborene Peters, und ihrem Mann Georg die Flucht. Lotti Packmor hat jahrelang die elektronischen Sicherheitseinrichtungen des Lagers bedient. Georg Packmor war zeichnungsberechtigter Leiter der «Colonia»-eigenen Steinbrechanlage bei Bulnes.

Diese Flüchtlinge gehörten zu den Privilegierten im Lager. Sie hatten Außenkontakte, sprachen etwas Spanisch, kannten das Gelände, und vor allem kannten sie Menschen in Chile, von denen sie Geld erbitten konnten.

Dem Ehepaar Packmor verhalf die deutsche Botschaft in Chile schließlich zur Ausreise – keinesfalls eine Selbstverständlichkeit. Das Ehepaar lieferte bei der Botschaft einen detaillierten Bericht ab, der schließlich auch zu den Akten der Bonner Staatsanwaltschaft gelangte.

Am 2. April 1985, schon in der Bundesrepublik, erstattete Hugo Baar der deutschen Botschaft in Santiago Bericht. Unter dem Aktenzeichen 672/85 gab die Botschaft das als «vertraulich» klassifizierte Papier nach Bonn weiter. Am 13. November 1985 wiederholte das Ehepaar Packmor gegenüber der Bonner Staatsanwaltschaft seine Anklagen gegen die Kolonie. Heute muß man fragen, was seitdem unternommen wurde.

Als die Flucht Hugo Baars im Lager bekannt wurde, griff Paul Schäfer zu einem Mittel, das bisher immer erfolgreich gewesen war. Er schickte, bewacht von Hartmut Hopp, Baars Frau Waltraud nach Deutschland, die ihren Mann zur Rückkehr überreden sollte. Für alle Fälle hatte man auch noch eine Mappe zusammengestellt, in der die «Verfehlungen» von Hugo Baar aufgelistet waren. Das Übliche: Vom Seitensprung bis zum obligatorischen psychiatrischen Gutachten war alles bürokratisch ordentlich zusammengetragen worden. Nur ging diesmal die Rechnung nicht auf. Einem Gewährsmann Baars in Chile war es gelungen, die Funksprüche der «Colonia Dignidad» abzuhören. Hugo Baar wußte also, wann seine Frau in Frankfurt ankommen sollte, um ihn zur Rückkehr ins Fundo zu überreden. Zusammen mit deutschen Freunden gelang es ihm, seine Frau vom Frankfurter Flughafen regelrecht zu entführen und vor Bewacher Hopp zu flüchten. Vierzehn Tage später bekam Waltraud Baar einen Nervenzusammenbruch. Sie blieb in Deutschland. In Chile mußte sie ein grausames Pfand zurücklassen: Sieglinde, Adelheid, Dorothea, Helmut, Ruth, Elisabeth, Magdalena, Ingrid und Edeltraud, die neun Kinder des Ehepaares Baar. Sie sind alle volljährig, daher gibt es kaum eine juristische Handhabe, sie aus der «Colonia Dignidad» zu befreien.

Auszüge aus Hugo Baars Bericht vom 2. April 1985:

«Als am 10. Januar 1975 Herr Schäfer mich unter einem falschen Vorwand nach Chile kommen ließ, war ich sehr krank. Ich konnte nur in Begleitung einer Krankenschwester fliegen. Er nannte mir als Grund, daß Präsident Pinochet zu uns kommen würde. Deshalb sollte ich als Vertreter unserer Arbeit in Deutschland sofort nach Chile kommen. Er sagte mir noch, daß ich zu diesem Empfang einen entsprechenden Anzug mitbringen sollte und einiges mehr. Als ich völlig erschöpft im Fundo ankam, empfing mich Herr Schäfer im Empfangshaus mit einer Gruppe von Herren. Meine Frau war nicht dabei, von der ich bereits 13 Jahre durch meine Arbeit in Deutschland getrennt leben mußte. Dann wurde ich in eines der Gästezimmer im Waldhaus gebracht. Hier, völlig isoliert und bewacht, wurde ich geschockt und entsprechend mit Medikamenten behandelt. (...) Ich hatte mich nur gewundert, daß meine Erinnerung über den Aufenthalt im Waldhaus lückenhaft war. Rund um die Uhr waren bei mir abwechselnd Frau Dr. Seewald, die Oberschwester Maria und Frau Ingrid Böckler, geb. Seelbach, sowie die Herren Kurt Schnellenkamp und Rudolf Cöllen, alle besondere Vertrauensleute von Herrn Schäfer. Die drei Erstgenannten, hinzu kommt noch die Rote-Kreuz-Schwester Ingrid Klunk, sind, wie mir aus anderen Fällen bekannt ist, die vier weiblichen Personen, die die Leute schocken (gemeint ist: mit Elektroschocks behandeln, G. G.) und mit Medikamenten behandeln, wenn Paul Schäfer es anordnet. (...)

Als ich schon aufstehen durfte, sagte mir Herr Schäfer, daß ein chilenischer Arzt da wäre, der mich sprechen wollte. Frau Dr. Seewald kam dann mit Dr. Varas aus Santiago zu mir. (...) Erst einige Jahre später erfuhr ich, daß es sich bei Dr. Varas um einen Psychiater handelt. Ich dachte damals, ohne zu wissen, daß ich auf Anweisung von Herrn Schäfer sogar geschockt worden bin, daß er Dr. Varas nur hatte kommen lassen, um später einmal, falls erforderlich, sich schriftlich von Dr. Varas bescheinigen zu lassen, daß ich schon 1975 bei ihm in Behandlung war. (...) Als ich endlich arbeitsfähig war, wurde ich in die Schreinerei geschickt. Der Schreinermeister Rudolf Cöllen holte mich immer wieder ab und brachte mich auch zurück in mein Zimmer. Ich blieb weiter ständig unter Aufsicht meiner ‹Betreuer›, auch nachts. (…) Jetzt war ich endgültig total ausgeschaltet. Es war nur noch eine Formsache, daß ich, wie ich später 1980 feststellte, in Deutschland noch als erster Vorsitzender (der ‹Privaten Socialen Mission e. V.›, G. G.) in den Büchern geführt wurde. (…)

Über das, was in einer Versammlung, in einem Gruppengespräch (…) gesprochen wird, oder was, wo, wer auch immer erfährt oder mitbekommt, darf keiner mit einem anderen sprechen, und zwar weder mit jemandem, der auch davon weiß, erst recht nicht mit einem zweiten, der nichts davon weiß. Das gilt auch für die Eheleute untereinander und für das Verhalten der Kinder zu den Eltern und umgekehrt. Die Kinder dürfen überhaupt nicht mit irgendeinem persönlichen Problem, einem Vorkommnis oder mit Fragen zu den Eltern kommen. Wenn die Kinder etwas an ihrem Arbeitsplatz hatten, dann ist für alles und für jeden Herr Schäfer zuständig oder die Gruppe oder im Betrieb der Vorgesetzte. Auch dann, wenn in der Gruppe eine Sache besprochen wird, muß Herrn Schäfer vorher oder nachher davon berichtet werden. (…)

Ein weiterer, in das Gewissen jedes einzelnen hineingehämmerter Satz des Herrn Schäfer lautet: Niemand darf ein Geheimnis haben! Alles muß ans Licht, Jesus ist das Licht, Jesus ist auch die Wahrheit. Alle Heimlichkeit und Lüge ist vom Teufel. (…)

Durch diese Isolierung erreicht er (Paul Schäfer, G. G.), daß die einzelnen nur von bestimmten Vorkommnissen erfahren, diese dazu auch niemandem weitersagen dürfen. Wenn jemand aber doch einem anderen etwas gesagt hat, ist sein geschärftes Gewissen so belastet, daß er früher oder später doch zu Herrn Schäfer kommt oder es öffentlich bekennt. Es gibt, soweit ich die Verhältnisse im Fundo beurteilen kann, nur wenige Ausnahmen, die so gut wie alles wissen. Das sind die aktiv Herrn Schäfer unterstützenden Personen. (…) Ein weiterer Satz des Herrn Schäfer lautet: Wer hört, ist schuldig. (…) Um das Reden untereinander radikal zu unterbinden, ging Herr Schäfer eines Tages dazu über, denjenigen, der von einem anderen sich etwas anhört, genauso scharf, beinahe noch schärfer zu verurteilen und manchmal auch zu bestrafen. Dies hatte und hat zur Folge, sobald jemand einem anderen etwas erzählen wollte, unterbrach der andere ihn und sagte: ‹Das höre ich mir nicht an.› (…)

Wie bekannt, ist das Fundo weit über den Wohnbereich hinaus hermetisch eingezäunt. Davor waren bis vor nicht langer Zeit Stolper-drähte, die jeden anzeigten, der ein gewisses Gebiet verlassen wollte. Nur ganz lückenhaft bekam ich am Rande mit, daß das Stolperdraht-warnnetz durch ein neueres modernes Warnsystem abgelöst worden ist. Sobald jemand vermißt wird (das Warnsystem war noch sehr lük-kenhaft), werden die sog. Wachhabenden mit gut ausgebildeten Schä-ferhunden und natürlich bewaffnet informiert, und die Suche beginnt. Sie sind bestens motorisiert und auch mit Nachtsichtgläsern ausgerü-stet. Die Fahrzeuge können auch ohne Licht fahren, und die Motoren sind so geräuscharm wie nur möglich.»

Von den Mißhandlungen in der «Colonia Dignidad» waren auch Hugo Baars Kinder, so Dorothea, seine dritte Tochter, betroffen:

«Ich wollte gerade in die alte Küche gehen und begegnete im Gang Herrn Schäfer. In dem Augenblick kam auch gerade Dorothea. Aus dem, was dann passierte, konnte ich schließen, daß sie bestellt oder geschickt worden war. Es kam erst gar nicht zu einem Gespräch zwi-schen Herrn Schäfer und Dorothea, die zu der Zeit etwa achtund-zwanzig Jahre alt war, sondern Herr Schäfer fing gleich an, sehr laut zu schimpfen und kurz darauf mit Fäusten auf sie einzuschlagen, so daß das Mädchen von einer Wand gegen die andere flog. Und als sie hinfiel, trat er noch mit Füßen nach ihr, bis daß er sie anschrie, sie solle verschwinden. (...) Ich stand einige Meter entfernt, ohnmäch-tig, einzugreifen oder auch nur ein Wort dazu zu sagen. (...) Meiner Frau, der ich das abends erzählte, und mir blieb nichts anderes übrig, als diesen Fall schweren Herzens stillschweigend zu ertragen. Hätte ich dagegen protestiert oder sogar eingegriffen, hätte es entspre-chende Folgen für mich gehabt, eventuell wieder Isolation oder an-dere Maßnahmen.» Dorothea war ein Jahr später wieder das Opfer, diesmal kam die «Herrenversammlung» zum Zug.

Hugo Baar: «Es war bereits später Abend, und er ließ sagen, falls sie schon schliefe, solle sie geweckt werden und sofort erscheinen. Einige Minuten später kam sie herein, weiß wie die Wand, zitternd. Nachdem sie ganz kurz etwas gefragt wurde, wurde sie mit Ausdrük-ken wie ‹Miststück› und ähnlichem kurz bedacht, und dann ohrfeigte Schäfer sie mehrmals. Das Mädchen versuchte, sich mit ihren Händen das Gesicht zu schützen vor den groben Schlägen. Da schrie er sie an, sie soll die Hände vom Gesicht lassen, und dann wurde sie zum Schluß rausgejagt. (...)

Peter ist ein Sohn einer Schwester des Herrn Packmor. Die Mutter war noch nie in Chile und befindet sich noch in Deutschland in Siegburg. (...) Seit etwa drei Jahren ist Peter in psychiatrischer Behandlung bei Dr. Seewald in unserem Krankenhaus. Wie oft er schon geschockt wurde, entzieht sich meiner Kenntnis. Seit einigen Monaten wird er von einem Herrn aus der Schlosserei zur Arbeit abgeholt und später wieder auf sein Zimmer im Krankenhaus gebracht. Er wird ständig bewacht. Wenn er zur Toilette will, muß er sich abmelden. Trotz der Arbeit bekommt er dreimal am Tag Medikamente. Der wichtigste Grund, weshalb ich diesen Fall schildere, ist, daß ich zugegen war, wie bei unserer Tochter Dorothea, als Peter auf Anweisung von Herrn Schäfer aus dem Krankenhaus geholt wurde in eine Herrenversammlung und dort unbeschreiblich geschlagen wurde. Außer wenigen der älteren Herren, die ich noch neben mir sitzen sah, schlugen alle Anwesenden auf Peter ein, mit Fäusten und Füßen. Wiederholt stürzte er dabei zu Boden, er wurde hochgezerrt und weitergeschlagen. Ob, wie in einem anderen Fall (...), Peter auch mit Gummiknüppeln geschlagen wurde, weiß ich nicht, weil ich zwischendurch wegsah. Als Peter nur noch taumelte und aus der Nase stark blutete, gingen einige mit ihm zur Toilette, wo er sich kalt waschen mußte und dann wieder zurückgebracht wurde. Das Schicksal dieses Jungen hat mir von allen mir im Fundo bekannt gewordenen am meisten zu schaffen gemacht. Vorher war er ein aufgeschlossener junger Mann. Einige Monate später nach dieser brutalen Behandlung wurde ich zum Krankenhaus gerufen, um zusammen mit Karl van den Berg Peter zu baden. Peters Aussehen bleibt mir unvergeßlich. Aus dem Mund lief ihm ununterbrochen Schleim, der ganze Körper schlotterte, er konnte kaum alleine gehen, konnte sich nicht alleine waschen oder rasieren. Das machten mehrere Wochen hindurch wir beiden. (...) Der Grund für diese nun schon dreijährige Behandlung Peters war, soweit ich es mitbekam, eine Zuneigung und Verehrung zu einer Jugendfreundin, die er angesprochen oder der er einen kleinen Zettel geschrieben hatte.»

Drei Bewohner des Fundo tragen den Namen Wolfgang Müller. Heute leben in der «Colonia Dignidad» noch zwei Wolfgang Müller. Der heute etwa 43 Jahre alte Wolfgang Müller, über den Hugo Baar im folgenden berichtet, wird im Lager mit dem Spitznamen «Fuscher» bezeichnet. Angeblich ist der Mann, der einen Sprachfehler hat und stottert, «schwer erziehbar» und jemand, der «grob lügt und übertreibt».

Hugo Baar: «Wolfgang Müller hatte wieder einmal gelogen und

ausgedachte Schauermärchen über nackte Mädchen irgendeinem erzählt. Was sonst noch vorgefallen war, weiß ich nicht. Als Wolfgang Müller in der Herrenversammlung erschien, war es diesmal eine kleinere Gruppe von Jungen, weil diesmal die Jüngeren nicht benachrichtigt waren, begannen nach einem kurzen Gespräch mit ihm einige Herren, ihn zu schlagen. Was sich jetzt abspielte, war noch grausamer als bei Peter. Mehrere Herren hatten schon einen Gummiknüppel bei sich, und alle schlugen auf ihn ein, egal wo sie hintrafen, auf den Kopf oder sonstwo. Auch er stürzte wiederholt zu Boden, stand wieder auf oder wurde hochgerissen und wurde weiter geschlagen. Ich hielt es fast für unmöglich, daß ein Mensch soviel aushält. Wolfgang Müller ist aber im Unterschied zu Peter Rahl ein viel robusterer und stämmiger Mann. Nach dieser Behandlung kam Wolfgang Müller ins Krankenhaus. Wie ich einige Wochen später feststellte, muß auch er geschockt und einige Wochen mit Medikamenten behandelt worden sein. Er bekommt auch jetzt noch ständig Medikamente.»

Über Jürgen Szurgelies, genannt «Zapper», heute vierundzwanzig Jahre alt, schreibt «Colonia»-Mitgründer Baar:

«Nach einem Fluchtversuch wurde er direkt ins Krankenhaus gebracht. Jürgen wurde auf der anderen Flußseite im Haus einer chilenischen Familie von unseren Leuten gefunden, die ihn mit Schäferhunden gesucht hatten. Dann wurde der nächste Polizeiposten verständigt, und die Polizei holte den Jungen raus und brachte ihn in unser Krankenhaus. (...) Im Krankenhaus wurde er Dauerpatient wie Peter. Dies war nicht sein erster Fluchtversuch, sondern vielleicht sein letzter. Seit einiger Zeit darf Jürgen unter ständiger Begleitung wieder in seiner Jungengruppe schlafen. Durch die Medikamente, die er regelmäßig bekommt, macht er einen unnormalen Eindruck.»

Mit etwa zweiundzwanzig Jahren verliebte sich Sergio Contreras, dessen Mutter in Santiago lebt, in ein chilenisches Mädchen, das deutsche Adoptiveltern hat. Der junge Mann, der im Fundo lebt, erhielt dafür die Standardbestrafung für Verliebte.

Hugo Baar: «Sergio kam dann ins Krankenhaus und wurde geschockt und mit Medikamenten behandelt. Ich habe ihn häufig im Krankenhaus besucht, wo er über ein Jahr isoliert in einem Zimmer lag. Die Mutter kommt einmal im Jahr ihn besuchen, aber auch das wird nicht gerne gesehen, weil Sergio schon öfter frei geäußert hat, er möchte zu seiner Mutter wieder zurück. Mindestens zweimal kam seine Mutter ihn besuchen, und ihr wurde gesagt, ihr Sohn sei nicht da.

Er war aber da, und ihm wurde nichts von dem Besuch seiner Mutter gesagt. Wenn sie ihn besuchte, war immer jemand dabei, so daß Sergio keine Minute mit seiner Mutter alleine war.»

Bekannt ist noch ein weiterer Einzelfall. Es ist die Geschichte einer seit zwei Jahrzehnten andauernden Mißhandlung. Bernhard Schaffrik ist querschnittsgelähmt und auf einen Rollstuhl angewiesen. Schon gleich nach seiner Ankunft im Fundo in den sechziger Jahren wurde er von seiner Frau getrennt. Doch der hilflose Mann, der plötzlich alleingelassen war und in der noch unkultivierten Wildnis alles (auch seine Körperpflege) allein übernehmen sollte, schaute immer wieder «sehnsüchtig» nach seiner Frau. Das wurde ihm als «Lüsternheit» ausgelegt. Bernhard Schaffrik wurde in der Schusterei eingesperrt.

Wolfgang Müller (jener, dem 1966 als erstem die Flucht gelang): «Ich werde die Schreie mein Leben nicht mehr vergessen, wie dieser Mann schrie: ‹Laßt mich hier raus, laßt mich hier raus.› Aber er wurde nicht rausgelassen. Statt dessen bekam er nur Prügel. Ob er wollte oder nicht, er mußte Schuster werden.» Auf neuen Fernsehbildern aus der «Colonia Dignidad», die im Sommer 1987 entstanden sind, sitzt Bernhard Schaffrik apathisch in einem Rollstuhl, gemieden von allen anderen Lager-Insassen.

Heute lebt Hugo Baar zusammen mit seiner Frau als Sozialhilfeempfänger in einer kleinen Zweizimmerwohnung in der Bundesrepublik. Vielleicht macht er sich noch immer Hoffnungen, irgendwann wieder als «Seelsorger» nach Chile zurückkehren zu können, wenn der «Teufel» in Gestalt Paul Schäfers erst einmal weg ist. Vielleicht ist genau das die Motivation für den heute dreiundsechzigjährigen biederen, freundlichen Mann in der Jäger-Strickjacke, mit dessen Namen viele zerrissene Familien nur Streit und Qualen verbinden, sich gegenüber den Behörden zu offenbaren. Daß er es war, der ausgerechnet über den Glauben Hunderten den Glauben austrieb, weiß er. Der Mann, der das grausame System der permanenten Beichte eingeführt hat, hat seine Chance, öffentlich zu seiner Verantwortung zu stehen, noch nicht wahrgenommen. Die Angst vorm Staatsanwalt kann es nicht sein, da der, das wird aus Bonn glaubhaft versichert, «keine Handhabe» hat, Paul Schäfer oder irgend jemandem aus der Führungs-Clique des Lagers juristisch näherzutreten. Die Opfer im Lager können keine Anzeige erstatten. Die in der «Colonia Dignidad» eingesperrten Kinder, Geschwister oder Eltern von in Deutschland lebenden Angehörigen – es sind mehrere Hundert – sind alle volljährig. Immerhin: Die Bonner Staatsanwaltschaft ermittelt, zum wer weiß wievieltenmal.

Am 27. Februar 1970 traf Lotti Packmor, Jahrgang 1933, in Santiago de Chile ein. Die aus Jennelt in Ostfriesland stammende Frau hatte bis zu diesem Zeitpunkt als Filialleiterin in einem der Siegburger Geschäfte der «Privaten Socialen Mission» gearbeitet. Dann wurde auch sie nach Chile beordert. «Der Bescheid», wie sie das nennt, kam. Sie sollte «in der Deutschen Kolonie in der Kinderarbeit mithelfen». Sie wurde als «Gruppentante» einer Kindergruppe zugeteilt.

Lotti Packmor in ihrem Bericht vom 17. März 1985: «Von Beruf bin ich eigentlich Kindergärtnerin. (Ich) kam mit den Helfern Hartmut Hopp, der damals noch nicht sein Studium beendet hatte, Manfred Schmidt, Reinhard Döhring und Dra. (Doctora) Seewald, die die ärztliche Betreuung dieser Kinder hatte, und Helmut Seelbach, der mit uns die Kinder beaufsichtigte und beschäftigte (in die Gruppe).

In dieser Gruppe ging es dann furchtbar zu. Am Tage sollten wir die Kinder, das waren nur die schlimmsten Fälle der Kinder, die sich dort herausgestellt hatten, am Tage mußten wir dafür sorgen, daß diese Kinder müde wurden vom Laufen, vom Spielen. Wir sollten sie beschäftigen, beschäftigen, daß sie kraftlos und müde wurden.

Das ging noch einigermaßen gut. Dann kam der Abend, an dem die Kinder in einem großen Saal, der eigens dafür gebaut wurde in dem neuen Krankenhaus, Neukra genannt, im Fundo (zusammenkamen), da standen zwölf Betten im Kreis. Die Kinder mußten völlig entblößt sich in Rückenlage hinlegen, und hinter jedem Bett oder für zwei Betten stand ein Aufseher dahinter, zu denen ich auch in der ersten Zeit gehörte.

Dann wurden sie beobachtet. Bewegten sich die Augenlider, dann waren die Kinder wach. Dann wurden sie rausgenommen und bekamen 'ne Ohrfeige. Bewegte sich aber in sexueller Ebene etwas, kam das Kind... wurde es herausgenommen, wurde mit einem Viehtreiber bearbeitet – auch in die Hoden – und wurde ins kalte, unter die kalte Dusche getan.»

Der beschriebene Viehtreiber ist ein etwa dreißig Zentimeter langer Metallknüppel, mit dem Kühe zur Weide getrieben werden. Er sendet bei der Berührung mit einem Körper starke Stromstöße aus, die die Tiere vorantreiben sollen.

Lotti Packmor: «Von den anwesenden Herren bekam es Schläge,

kam wieder zurück ins Bett. Es war grausam. Ich verkraftete das nicht. Ich brachte auch nicht fertig, zu melden, hier, da ist jemand wach, da ist etwas nicht in Ordnung. Dann hat Schäfer mich nach einigen Nächten dann da weggenommen und gesagt: ‹Das Weib taugt nichts, sie hört nichts, sie ist untauglich.› (...) Schon vor meiner Ankunft waren alle diese Buben durch Schäfers Schockkammern gegangen.

Ausführende waren Dra. Seewald, die Hebamme Ingrid Seelbach.

Zu meiner Zeit erlebte ich, daß Dra. Seewald den Jungen Injektionen in die Hoden gab. Die Hoden schwollen an und sollten somit wohl ausgeschaltet (werden). Ich weiß nichts Näheres über das Medikament, nur die Tatsache weiß ich.»

Auch Gerhard Spatz, genannt «Spatzi», wurde so behandelt. Als der malträtierte Junge zusammen mit anderen Jungen hohen Besuchern eine Menschenpyramide vorführen sollte, verunglückte er. Seitdem ist er querschnittsgelähmt. Lotti Packmor bezweifelt, ob sich die Kinder überhaupt an derartige Behandlungen erinnern können, «denn sie wurden alle von Zeit zu Zeit geschockt und standen Tag und Nacht unter Medikamenten».

Gestraft wird in der Regel öffentlich, nachdem sich der Delinquent vor Paul Schäfer offenbart hat. Siegfried Zeitner, 1970 schon ein erwachsener Mann, wurde auf der Bühne im großen Saal verprügelt. Lotti Packmor: «Bei der zweiten Schlägerei mit Siegfried Zeitner hat der Junge sich dann aus Angst in die Hosen gemacht, daß Schäfer vor Gestank nicht mehr weiterkam und der Junge mit Ach und Krach in den Duschkeller befördert wurde ... Das machte der Schlägerei ein Ende.

Mir war das peinlich. Es war eine Situation, die nicht zu beschreiben ist, denn der Junge war immerhin erwachsen, groß, ich weiß sein Alter nicht genau. Aber Schäfer machte das gar nichts. Im Gegenteil, er wertete auch das wieder aus und zahlte alles dem Jungen auf den Kopf, wie säuisch er wäre und so weiter und so fort, das hätten ja alle miterlebt.»

1984, ein Jahr vor ihrer Flucht, sah Lotti Packmor die Hebamme Ingrid Seelbach, die schon bei mehreren Abtreibungen dabei war und sich auch um die versteckt auf die Entbindung wartenden Schwangeren zu kümmern hatte, schluchzend in einen Stuhl fallen und weinen. «Ich ging zu ihr; wir sind gleich alt. Ich bat sie, mir zu sagen, was ihr Kummer bereitet und warum sie so furchtbar schluchzt und weint. Sie winkte ab und sagte, sie kann nicht reden, ich soll schweigen. Ich habe mich neben sie gesetzt, sie getröstet. Wir sprachen kein Wort. Ich wartete, bis sie ihren Schmerz überwunden hatte, und wir gingen so auseinander. Ich habe dann später erfahren, daß ihr Sohn Ralf in der Großküche, in der er gerade zu Mittag aß, in Gegenwart seiner derzeitigen Pflegeeltern, Fritz und Magda Pöhlchen, von Schäfer zusammengeschlagen wurde.

Der Junge saß friedlich am Tisch, mußte wohl vorher dem Schäfer eine Beichte schriftlich gegeben haben, und das war jetzt die Antwort. Er kommt rein – also Schäfer –, schlägt auf den Jungen los und jagt ihn davon. Die Pflegeeltern fuhren dann wieder in die Schneiderei; selbst traurig, aber wagten nicht zu sprechen.»

Lotti Packmor war wegen Untauglichkeit für zwei Jahre in den Hühnerstall abkommandiert worden. Für die Arbeitseinteilung bei den Frauen ist Hildegard Möhring zuständig. Sie herrscht über alle Frauen, über alle «weiblichen Angelegenheiten» und leitet die Großküche. Als eine Wächterin am «W 1», dem Wachposten eins, versagt hatte, wurde Lotti Packmor zu Schäfer gerufen.

«Ich wurde mächtig gehoben von Schäfer, und nur auf Grund meiner Fähigkeiten, die er sähe und auf Grund meines Fleißes würde ich jetzt wieder diesen Vertrauensposten bekommen. Nun, ich sollte mich schnellstens mit allen Geräten, die dort wären, auseinandersetzen, bräuchte nicht zu arbeiten, sollte erst einmal eine Woche alles ansehen, mich theoretisch mit den Geräten befassen. Als da sind: zwei Funkgeräte, zwei Telefone, ein Fernglas, ein Nachtglas, ein Fotoapparat mit Teleobjektiv, der es ermöglichte, Fahrzeuge, die in großer Entfernung unten am Weg vorbeifuhren – der Wächter ist auf der Spitze des Berges –, zu fotografieren, sogar die Autonummer auf dem Foto festzuhalten.

Das alles habe ich ganz schnell begriffen, und die Arbeit begann. Nachdem ich etwa zwei Jahre dort war, hat er mich wieder versetzt an die Pforte des Fundo. Zusammen mit Kathi Pöhlchen habe ich dann den Dienst in der Pforte gemacht, der in etwa so abläuft. Jeder, der das Fundo passieren will, ist schon fotografiert, ist schon gehört und gesehen. Alle diese Geräte befinden sich auch im Empfangshaus, sind nur ein bißchen anders zu bedienen, weil die Verhältnisse anders sind. Ansonsten ging der Dienst so weiter. Zur Sicherheit, damit nicht ‹Kommunisten› das Fundo betreten und ungesehen Schaden anrichten können, hat Schäfer das ganze Fundo eingezäunt mit Stacheldraht und außerdem mit Stolperdrähten, das heißt, daß ganz kleine Spinnwebfäden das ganze Fundo und auch innerhalb des Fundos bestimmte Wege begrenzen. Unbewußt läuft oder fährt jeder Mensch diese Drähte durch, ein Signal ertönt in der Zentrale, die Tag und Nacht bewacht, besetzt ist, und schon sind Schäferhunde und einige junge Männer in schnellen Fahrzeugen zur Stelle und erwischen somit jeden, der es wagt, seinen Fuß auf Wege zu setzen, die ihm nicht gewiesen werden.

Wenn nun ein Besucher ins Fundo möchte, sieht das praktisch so aus: Der W 1 meldet das Fahrzeug, sobald er es sieht, das ist in neun Kilometer Entfernung, per Telefon und Radio (Funk) dem Schäfer per Sprechanlage zur Pforte. Dann wird dieses Fahrzeug nach Typ und Farbe, beim drittenmal auch nach Nummer, so dreimal gemeldet, bis es endlich an der Pforte erscheint. An der wird alles ‹klar› – gemacht, innen und außen, sagt Schäfer. Das bedeutet, die Mikrofone werden eingeschaltet, das Tor ist verschlossen, der Fotoapparat wird klargemacht, das Tonband läuft. Die Aufnahme ist klar. Inzwischen ist (Schäfer, G. G.) hinter der Kulisse des Empfangshauses angekommen und für normale Straßenpassanten, auch im Fundo, ungesehen. Er dirigiert und sieht sich von innen Passanten, Gäste an und befindet, ob sie durchs Tor fahren dürfen. (...)

Kommen Leute gar nicht herein, öffnet sich das Tor für sie nicht, und sie wagen es, ein Foto zu nehmen, schließt sich automatisch das Fundotor, sie passiert haben, das vorher geöffnet war, und wenn sie dann wenden und herausfahren wollen, stehen sie vor der verschlossenen Tür, werden dort empfangen von einigen Herren der Kolonie. Ihnen wird der Film abgenommen. Weigern sie sich, wird die Polizei in Catillo verständigt, und sie werden dann in Gegenwart der Polizei ihres Filmes entledigt, und sie werden dann mitgenommen so bis Catillo.»

Lotti Packmor weiter: «Für Schäfer gibt es drei Sorten Menschen: die, die im Fundo leben und rückhaltlos tun, was Schäfer befiehlt. Das sind die wahren Christen, das sind die Menschen Gottes. Die, die abtrünnig wurden, seinen brutalen Ansprüchen nicht mehr gerecht werden. Die fliehen, das sind unweigerlich die Kranken. Das belegt er mit Attesten der Dr. Seewald. Wenn's sein muß auch von dem gekauften Psychiater Dr. Varas, ein chilenischer Arzt, der schon jahrelang mitspielt. Die dritte Sorte, die ins Fundo möchten, Besucher und wer es auch sonst sei, das sind Kommunisten. Damit bleibt das Tor verschlossen. So drillt er seine Fundo-Leute.»

An einem Krankenhaustag gelang es Lotti Packmor, die «Colonia Dignidad» zu verlassen. Bauern nahmen sie in einem Lieferwagen mit bis zur chilenischen Nord-Süd-Verbindung, der Panamericana. Sie hatte kein Geld und bat einen Busfahrer, in gebrochenem Spanisch, sie nach Los Angeles mitfahren zu lassen, mehr als einhundert Kilometer südlich von Parral. Dort lebt Heinz Kuhn. Er hatte sich von der Sekte emanzipiert, arbeitete aber immer noch als locker assoziierter Verbindungsmann in Chile mit ihr zusammen.

Lotti Packmor: «In der Nacht – ich habe dann von dort aus meinen Mann angerufen, der in Bulnes (an der Steinbrechanlage, G. G.) war. Er kam in der Nacht zu mir, wollte mich zurückholen. Ich bin mitgefahren nur unter der Bedingung, wenn ich bei ihm bleiben darf, da, wo er in Bulnes wohnt, und nicht zurück ins Fundo gehen. Er versprach es mir, hatte auch den guten Glauben und wollte das auch, aber wir sind in der Nacht dann zurückgefahren, und am nächsten Morgen kam die Maschine, kam das Flugzeug von Dignidad. Pilot war Hermann Schmidt, Beiflieger war Dr. Hartmut Hopp und Schwester, die Rote-Kreuz-Schwester Ingrid Gluck. Das sagte mir genug.

Ich weigerte mich. Ich wollte nicht mit. Dr. Hopp wußte darauf nur zu antworten: ‹Noch einen Pieps, und du kriegst ’ne Spritze und sagst gar nichts mehr›, zückte sein Etui und wollte mich spritzen. Daraufhin war ich still. Ein Blick der Verständigung zu meinem Mann, der auch danebenstand, machtlos war. Ich stieg ein, wurde liegend in der Maschine zum Fundo zurücktransportiert. Mein Mann nahm die Camienota und kam nachgefahren.»

Wer sich, zumal in ihrem Alter, so verhalte, meinte dann die herbeizitierte Dr. Gisela Seewald in Schäfers «Clubzimmer» – und sie müsse das wissen, weil sie sich «eingehend personell und medizinisch» mit Lotti Packmor befaßt habe –, der sei krank. Sie sei in den Wechseljahren. Lotti Packmor wurde zur Arbeit ins «Neukra», ins neue Krankenhaus, geschickt, als Putzhilfe. «Immer, wenn ich einen Weg vornahm, etwa 100, 200 Meter entfernt des Hauses, habe ich durch Zufall einmal beobachtet, daß Hildegard Zeitner das Telefon nahm und sagte: ‹Die Patientin fährt hier ab.› Ich war erschrocken und fühlte mich bewacht. Ganz aufmerksam kam ich an meinem Ziel an und beobachtete wieder, das Telefon ging: ‹Die Patientin ist angekommen.› Das sagte mir genug.»

Zudem wurde sie in der Nacht in dem Haus eingeschlossen. Um sich dessen ganz sicher zu sein, probte sie eine zweite Flucht: «Um meiner Annahme sicher zu sein, bin ich dann in der folgenden Nacht aus dem Waschraumfenster gestiegen, habe mich einige Meter vom Haus entfernt und bin schnell wieder zurück, herein, das Fenster geschlossen und beobachtete von innen, was sich draußen tut. In der Tat, ich brauchte nicht zwei Minuten zu warten, war ein leises, dunkles Fahrzeug ohne Licht da, einige junge Männer, zwei Schäferhunde. Einer dieser Männer war Karl Hügel, Karl van den Berg. Sein Spitzname im Fundo ist ‹Hügel›. Sie suchten die Gegend ab, flickten den Stolperdraht und waren wieder weg. Ich habe diese Versuche noch einige Male gemacht, weil ich auch diese Dinge kannte, fand ich auch recht bald den Schalter, der immer unter der Erde ist, beobachtete wie ein junger Mann morgens die SDs geöffnet hat und sie abends wieder schloß und schaltete (...).

Mitte Juni 1980 habe ich diesen Fluchtversuch gemacht, und seitdem war ich ja nicht mehr vertrauenswürdig. Bis dahin kannte ich die Sicherungsanlagen sehr gut. Auch damals gab es neben Stolperdrähten schon Lichtschranken, die jeweils die Durchgänge sicherten. Die Mikrofone sind in den Zaunpfosten eingelassen und ständig eingeschaltet. Da entlang der Zäune auch Kies aufgeschüttet ist, kann man nach einiger Übung – und so etwas wurde geübt – ziemlich genau erkennen, ob ein Wagen kommt, ein Reiter oder ein Fußgänger und auch in etwa, wie viele es sind.»

Brigitte Mücke, geborene Baak, die mit Schäfer-Leibwächter Gerhard Mücke verheiratet wurde, sollte in eine andere Wohnung «strafversetzt» werden. Die Frau fühlte sich durch diese Maßnahme gekränkt und radelte auf einem Fahrrad in Richtung Acker, um erst einmal zur Ruhe zu kommen. Lotti Packmor: «Es dauerte nicht lange, da waren einige junge Männer mit Schäferhunden da, um sie zurückzuholen, weil man annehmen mußte, es sei ein Fluchtversuch. Sie wurde ins Hospital, in Zimmer 14 gebracht, ihr Mann, Gerhard Mücke, von Schäfer beauftragt, sie zu schlagen, denn Schäfer meinte: ‹Da kann ja keiner was. Unter Eheleuten gibt es überall mal einen Krach oder eine Schlägerei. Das ist, das hat nichts zu sagen.› Gerhard Mücke ging dann rein, stand vor seiner Frau, hat sie geohrfeigt und ging weiter.» Das erzählte Gitta Mücke Lotti Packmor – Gerhard Mücke stand dabei.

Eine Mischung aus direktem Verbot und freundschaftlicher Disziplinierung herrscht im Lager, ganz nach dem Motto «aber das macht man doch nicht». Die Menschen sind entmündigt, aber das nur zu

MIT LUFTPOST
PAR AVION
BY AIR MAIL

DEUTSCHE BUNDESPOST

Nathanael Bohnau

Casilla 14660 - Correo 21

Santiago de Chile

ANNAHME VERWEIGERT AN ABS! ZURÜCK

«ANNAHME VERWEIGERT AN ABS. ZURÜCK»

ihrem Besten. Paul Schäfer spricht mit den Fundo-Bewohnern wie mit kleinen Kindern. So erklärt er ihnen auch die Postzensur. Lotti Packmor zum Postgeheimnis: «Schäfer nimmt alle Leute zusammen, hält noch eine Bibelstunde. Am Ende sagt er, etwa so: ‹Wißt ihr, was mit eurer Post draußen geschieht? Eure Mütter in Deutschland oder Verwandte geben eure Briefe an die Presse. Die arbeiten damit. Alles, was ihr schreibt, kommt auf unseren Kopf zurück, das wird falsch gedeutet.› Er hätte einen Vorschlag, wir wir uns schützen könnten vor dem Kommunismus, davor, daß auch solche Post bis in die DDR geschickt wird und da verwertet wird. Überall feindet man uns an. Also, er hat eine Idee, daß wir uns freiwillig dazu entscheiden, die Briefe offen abzugeben. Dann kann Herr Dr. Seewald die Briefe kurz überfliegen und sehen, was nicht angebracht ist, nach außen zu schreiben. Alles Volk stimmt zu, er läßt, verfaßt ein Protokoll. In der Generalversammlung wurde das beschlossen. Und so wird es bis auf den heutigen Tag gehandhabt, daß die Briefe offen im Büro abgegeben werden. Steht nun etwas in diesen Briefen, sei es Heimweh zu den Verwandten, das Heimweh nach Deutschland usw., kriegt man den Brief zurück oder wird ins Büro gebeten. Dann erklärt Dr. Seewald

Vorstehende eigenhändige Unterschrift des

Ehepaars Nathanael und
Helene BOHNAU, wohnhaft, El Lavadero/
beglaubige ich hiermit auf Grund ihrer vor mir   Parral
erfolgten Vollziehung

Santia   27. Jan. 1978

                RA

Beurk.-Reg.
Nr. 33/78   bei der Botschaft
Gebühr Tarif   der Bundesrepublik Deutschland
50

        Nach der Konsulargesetz zu vor-
        stehender Amtshandlung berechtigt.

Von der Botschaft beglaubigter Briefe der Familie Bohnau an Günter Bohnau

ganz liebenswürdig: ‹Sieh mal diesen Satz. Wenn der in die Hände der
Kommunisten kommt, dann wird er so und so ausgewertet, und das
löst eine Welle von Verfolgung aus für Dignidad. Wollen wir den nicht
lieber weglassen? Ist es dir sehr drum zu tun? Kannst du das ein bißchen anders fassen oder streichen?› Der Fundo-Bewohner nickt verständnisvoll und schreibt den Brief neu.»

Solche Briefzensur hatte auch Hugo Baar, als Aushilfe für Dr. Seewald, übernommen. Kommen im Lager Einschreibebriefe an, dann
werden sie vorsichtig geöffnet, der Inhalt fotokopiert und in der betreffenden Personalakte abgeheftet. Manche Briefe von Angehörigen
in Deutschland erreichen ihren Empfänger in der «Colonia Dignidad»
nie. Briefe, bei denen der Zensor vermutet, daß der Empfänger dadurch in «Gewissensnöte» gebracht werden könnte, werden einfach
geöffnet und im Leitzordner abgeheftet, ohne an den Empfänger wei-

103

tergegeben zu werden. Die Fundo-Bewohner wundern sich dann manchmal, daß ihre Verwandten in Deutschland Antwort auf Post anmahnen, die sie nie gesehen haben.

Georg Packmor erzählt, daß Mitglieder der Kolonie, die Schäfer «nicht mehr hörig waren», ins Krankenhaus eingeliefert wurden, wo sie teilweise monatelang, «in einigen Fällen sogar Jahre verbringen müssen (...). Die Menschen laufen heute herum wie geistige Vollinvaliden».

Elektroschocks waren lange Jahre in der Psychiatrie eine anerkannte Behandlungsmethode, die erst in den sechziger Jahren mehr und mehr abgelehnt wurde. Die Elektroschock-Therapie wird allenfalls als «Akutmaßnahme» anerkannt, und auch das ist höchst umstritten. Ohne eine entsprechende Muskelentspannung erhält niemand mehr das berüchtigte «Gewitter im Gehirn», da es sonst zu bedeutenden körperlichen Nebenwirkungen kommt, Kieferbrüchen, Muskelabrissen und Knochenbrüchen.

Beim Elektroschock werden dem Hirn starke Stromstöße verpaßt, die zum zeitweisen Gedächtnisverlust führen können. Wenn so etwas über Wochen, Monate oder gar Jahre mit dem menschlichen Hirn getrieben wird, kommt es zu Gedächtnisveränderungen. Die Person kann sich keine neuen Gedanken mehr einprägen, ihr Erinnerungsvermögen läßt nach, und ein Zugriff zu den im Hirn gespeicherten Informationen wird immer schwieriger.

«Eingekauft» hat Hugo Baar das in der Kolonie verwendete Elektroschockgerät: «Das Elektroschockgerät wurde von mir schon zu Beginn unserer Krankenhausarbeit im Zuge der Einkäufe für die Krankenhauseinrichtung im Auftrage von Herrn Schäfer in Deutschland gekauft und nach Chile geschickt. Alle Einkäufe für Chile gehörten ca. dreizehn Jahre lang zu meinem Aufgabenbereich in Deutschland.»

Lotti Packmor: «Der Jürgen (Schurglies, G. G.) wurde und wird ganz offenbar ‹behandelt›. Da man im Fundo ja nicht miteinander über persönliche Dinge spricht, kann man dies natürlich nur an Äußerlichkeiten belegen. Bei Jürgen ist aber deutlich erkennbar, daß er eine andere Körperhaltung hat als früher, seine Arme hängen kraftlos herunter, die Schultern sind eingefallen, sein Gesichtsausdruck ist abwesend, lächelnd, teilnahmslos. (...)

Für die Nachbehandlung der geschockten Patienten oder auch für die Dauerbehandlung, für die weitere, braucht Dra. Seewald und

Schäfer ‹Luminal› und ‹Meprobamato›. Beide Medikamente vom Servicio de Salud, und darüber muß strengstens Buch geführt werden. Man macht es dann so, daß diese Medikamente chilenischen Patienten verordnet werden mit Schrägstrich, das heißt, in die ficha (Karteikarte, G. G.) wird das Medikament getippt, es wird als Beleg ein Rezept geschrieben, von Dr. Seewald unterschrieben, und wenn der Patient das nächste Mal kommt oder wenn je die ficha gebraucht wird zum Einsehen, sieht man sofort, der Schrägstrich vor ‹Mepro›, vor ‹Luminal› bedeutet, diese Medikamente gingen so ins Hospital, die hat der Patient nie selbst bekommen.»

«Luminal» ist ein Barbiturat, ein sehr starkes Schlafmittel. Es wird zur Einleitung von Narkosen intravenös verabreicht und führt zur Bewußtlosigkeit. Mit «Meprobamato» meinte Lotti Packmor wohl «Meprobamat», ein Beruhigungsmittel, schwächer zwar als Valium, aber zu einer chemischen Sonderklasse von angstlösenden Medikamenten gehörig. Wer derart chemisch niedergeknüppelt wird, nimmt seine Umwelt gelassen und angstfrei. So entsteht die Kolonie der freundlichen Lächler.

Wer nicht mit Medikamenten ruhiggestellt ist, der wird noch durch andere Bedingungen in Unfreiheit gehalten. Lotti Packmor: «Die vielen Jahre des Gemeinschaftslebens im Fundo haben die einzelnen geprägt und unsicher gemacht. Der größte Teil von ihnen kennt kein chilenisches Geld und hatte zwanzig Jahre oder noch mehr keinen Umgang und keinen Kontakt mit der Öffentlichkeit. So ist es zu erklären, daß nicht nur die unsichtbaren Stolperdrähte und der Stacheldrahtzaun die Menschen dort hält, sondern auch die Angst, nach mehr als zwanzig Jahren völlig mittellos und allein draußen einen neuen Anfang zu wagen.»

Schwarzbrot und Titan

Das deutsche Mustergut

Über 5000 Hektar groß ist das Gelände der «Colonia Dignidad». Im Grundbuch ist nicht die gemeinnützige Gesellschaft als Besitzer eingetragen, sondern nur wenigen Privatpersonen gehört der gesamte Grundbesitz: Walter Laube, Fritz Pöhlchen, Rudi Cöllen, Kurt Schnellenkamp, Hans-Jürgen Blank, Hermann Schmidt und Karl van den Berg. Sie dürften heute Millionäre sein.

Der ehemalige chilenische Botschafter in Bonn, Arturo Maschke, der in Chile zum Präsident der Nationalbank geworden und damit auch für das Zollrecht zuständig war, bescherte der «Colonia Dignidad» ein unschätzbares Privileg: Sie wurde 1961 zum zollfreien Gebiet erklärt. Kein Zöllner kümmert sich um das, was in die «Colonia Dignidad» transportiert wird. Als «Wohltätigkeitsgesellschaft» ist sie von der Einkommenssteuer und – bei Schenkungen – von den Zollgebühren befreit. Versteht sich, daß alles, was aus Europa kommt, ein Geschenk ist. Die Deklaration der Waren: «Missionsgut – Sortiment». Die Container verschwinden ungeöffnet im Lager.

Mehrere Kilometer Stacheldraht sind um das gesamte Gelände gezogen. Das in einem Tal versteckt liegende eigentliche Dorf ist mit teuersten elektronischen Sicherungsmaßnahmen ausgestattet. Mit Nachtsichtgeräten und umgebauten VW-Käfern, deren Motoren so schallgedämpft wurden, daß kaum mehr ein Geräusch zu hören ist, wird das Lager bewacht. Versteckte Mikrophone, Lichtschranken und haarfeine Stolperdrähte sichern strategisch wichtige Zugänge. Zudem wurde überall ein sogenannter «Pito» installiert, eine Sirene, die Pfeiftöne in unterschiedlichen Intervallen erzeugen kann. Wenn jemand zu fliehen oder in das Lager einzudringen versucht, kann sofort überall Alarm ausgelöst werden.

Die «Sprinter» übernehmen die Wachfunktion – früher führten die Wächter Dobermänner mit sich, heute sind es Schäferhunde. Im Sommer 1987 kaufte die «Colonia Dignidad» bei einem bekannten Koblenzer Züchter einen reinrassigen Schäferhund im Wert von 25 000 Mark.

Auf dem Hügel zum Haupteingang ist ein Wohncontainer versteckt. Von diesem sogenannten «Wächter eins» kann das gesamte

Gelände und die Zufahrtsstraße in einem Umkreis von neun Kilometern beobachtet werden. Das blaugestrichene Schild «Freistaat Bayern», berichten die Geflüchteten, kann ferngesteuert umgestürzt und unter Starkstrom gesetzt werden, um die Zugangsstraße zu versperren. In einem der Bienenstöcke am Haupteingang sind eine Überwachungskamera und ein Mikrofon untergebracht. Im Empfangshaus werden nachts Stahlplatten vor die Fensterscheiben gesetzt. Durch den Briefkasten am Eingangsgebäude kann ein Fotoapparat mit Teleobjektiv geschoben werden. Durch den – extrabreiten – Briefschlitz werden ungebetene Gäste abfotografiert. Das gesamte Lager ist mit einem internen Telefonnetz versehen, ein Geschenk der Deutschen Bundespost.

Nachdem Paul Schäfer eine Manöver-Reportage im ZDF gesehen hatte, von der er tief beeindruckt war, rief er seine Handwerker zusammen, die eine im Fernsehen gezeigte Spezialkonstruktion nachbauen sollten. Auf einem Truppenübungsplatz waren Panzerabwehrraketen in einen Maschendrahtzaun gefeuert worden. Die Raketen explodierten noch vor dem Auftreffen auf das eigentliche Ziel, nämlich schon bei der Berührung mit dem Maschendraht. Wer sich gegen Panzerabwehrraketen schützen wolle, so der Fernsehkommentar, müsse nur Maschendraht an den strategisch wichtigen Stellen aufspannen. Nun hängt unter dem Dach des «Colonia»-Eingangsgebäudes ein breiter weißer Holzkasten, in dem ein überdimensionales Rollo aus Maschendraht untergebracht ist, das notfalls herunterrasseln kann.

Die «Colonia Dignidad» ist militärisches Sperrgebiet. Schon zur Zeit der Volksfront-Regierung Allendes konnte die Kolonie auf den Schutz durch die chilenischen Militärs bauen. Als eine Polizeiabordnung in den siebziger Jahren Einlaß in die «Colonia Dignidad» begehrte, mußten die Polizisten unverrichteter Dinge schon am ersten Tor wieder umkehren. Ein Armeeoffizier war erschienen und präsentierte ein Schriftstück, in dem das Lager als militärisches Sperrgebiet ausgewiesen wurde. Der ohnehin schon politisch geschwächte damalige chilenische Staatspräsident Salvador Allende verzichtete auf einen weiteren Versuch. Jedes Insistieren hätte ihm, so der Staatspräsident damals gegenüber einem europäischen Reporter, unweigerlich große Probleme mit der deutschen Bundesregierung oder aber – was noch schlimmer gewesen wäre – mit den Militärs gebracht, die ja dann auch bald darauf putschten.

Zu Wasser, zu Lande und aus der Luft – in die «Colonia Dignidad» kommt man nicht so ohne weiteres hinein. Noch vor dem Besuch bei Paul Schäfer habe ich versucht, das Lager mit einem kleinen Privatflugzeug zu überfliegen. Obwohl die «Colonia Dignidad» einen offiziell in die Landkarten eingetragenen behördlich genehmigten Flugplatz unterhält, auf dem Starten und Landen für jedermann möglich sein müßte, wurde der Flug ein Reinfall, genauer: eine Notlandung. Zwar hatte man mich zuvor vor solch einem Unternehmen gewarnt und darauf hingewiesen, daß die Kolonie «Sperrgebiet» sei, aber ich wollte es trotzdem probieren. Kaum daß ich mit einem Piloten gestartet war, wurde über Funk Startgenehmigung für ein «Krankentransportflugzeug» der «Colonia Dignidad» von der Flugleitung gegeben. Im Lager hatte man registriert, daß sich ein Flugzeug dem Fundo näherte. Ein Flugzeug vom Fundo wurde losgeschickt, um sich die unerwünschten Flieger näher anzuschauen.

Chilenische Hobby-Flieger bezweifeln nicht, daß die «Colonia Dignidad» sogar über eigenes Radar verfügt. Sicheres Anzeichen dafür sei, daß bisher noch nie jemand unbemerkt das Lager habe anfliegen können, obwohl über die Vorkordilleren mehrere Möglichkeiten bestehen, ungesehen die «Colonia Dignidad» zu erreichen.

Mein Pilot legte großen Wert darauf, nicht mit mir und vor allen Dingen nicht von Mitgliedern der «Colonia Dignidad» gesehen zu werden. Das war überhaupt Bedingung für diesen Flug. Wir hatten schon eine erhebliche Flughöhe erreicht, und eine Landung war so schnell nicht mehr möglich. Erst mußte die einmotorige Maschine noch an Höhe verlieren. Schließlich landeten wir auf einem Acker, ich stieg aus, der Pilot flog weiter. Ich mußte zu Fuß zum nächsten Ort laufen.

Die «Colonia Dignidad» hat zwei Flughäfen, einen direkt im umzäunten und bewachten Lager. Die Landebahn ist ausgelegt für Düsenmaschinen und Transportflugzeuge vom Typ Herkules und über 2000 Meter lang. Landebahnen für ein- und zweimotorige Propellermaschinen haben eine Länge von 600 Metern. Einen zweiten Flughafen unterhält die «Colonia Dignidad» weiter südlich in Bulnes, dort wo auch die Steinbrechanlage und das «Casino Familiar» errichtet wurden. Sogar ein «Heliport», ein kleiner Landeplatz für Hubschrauber, wurde angelegt. Die «Colonia Dignidad» hat zwei eigene Flugzeuge zugelassen, eine zwei- und eine einmotorige Cessna. Sie werden als «Krankentransportflugzeuge» geführt. Gerade versuchten

Einkäufer des Lagers, in Chile eine zwölfsitzige Reisemaschine mit einer Reichweite von 10 000 Kilometern zu erwerben. Interesse an einer solchen Maschine besteht schon lange.

Von den Carabineros de Chile wurde der «Colonia Dignidad» 1985 eine gebrauchte zweimotorige Cessna geschenkt. In den Wartungshallen der chilenischen Polizei in Santiago bastelten und reparierten Arbeiter der «Colonia Dignidad» an dem Flugzeug, um es wieder in einen flugtauglichen Zustand zu versetzen. Bekannt geworden ist diese Hilfestellung durch die chilenische Polizei, als das Flugzeug bei einem Probeflug (am Steuerknüppel saß ein Pilot der Carabineros) so stark beschädigt wurde, daß es schließlich auf dem Schrottplatz landete.

Auf die «Colonia Dignidad» sind mehrere Dutzend Kraftfahrzeuge zugelassen, darunter vier Krankenwagen, doppelachsige Lkw, Omnibusse, Mercedes-Benz-Kleinlaster, aber auch gepanzerte Mercedes-Limousinen. 1985 wurde, deklariert als Krankenwagen, aus der Bundesrepublik in einem Schiffscontainer ein Mercedes Benz 280 GE nach Chile geschafft. Das Fahrzeug war in einer Spezialwerkstatt mit einer Armierung versehen worden, die auch NATO-Munition standhalten soll. Der Geländewagen kostet, derart ausgerüstet, soviel wie eine Eigentumswohnung. Der rollende Tresor ist fast drei Tonnen schwer. In Concepcion, Hunderte von Kilometern vom Lager entfernt, haben drei hochseefähige Fischerboote der «Colonia Dignidad» ihren Heimathafen.

Tief im Süden Chiles, im Gebirgszug von Nahuelbuta, geht die «Colonia Dignidad» noch einem besonders interessanten Gewerbe nach. Die gemeinnützige Gesellschaft hat dort eine Gold-Wäscherei und schürft auf eigene Rechnung das edle Metall.

Inzwischen sind die obskuren Deutschen in ein ganz besonderes Geschäft eingestiegen. Per Dekret wurde der «Colonia Dignidad» von der chilenischen Regierung das für 99 Jahre gültige Recht eingeräumt, strategische Metalle abzubauen, Uran, Titan und das im Flugzeugbau besonders begehrte Molybdän. Metallhaltige Böden in der Provinz Cautin dürfen seitdem exklusiv von der wohltätigen Gesellschaft ausgebeutet werden. Die «Colonia Dignidad» hat damit einen der größten europäischen Waffenkonzerne ausgestochen. Der französische Waffenproduzent «Somindra» aus St. Étienne hatte sich ebenfalls um die Schürfrechte in Süd-Chile beworben. Den Zuschlag bekam die Kolonie der Deutschen. Mit gepanzerten Mercedes-Pkw und schweren Lastern, so der Wissenschaftler Pino Zapata von der Universität Temuco, würden in dem Gebiet zwischen Carahue und Contulmo (in dem Mapuche-Indianer leben), gesichert durch schwerbewaffnetes Wachpersonal, die Deutschen inzwischen schon Metall schürfen. Titan wird laut *Tercerea de la Hora* zwischen Puerto Saavedra und Parma abgebaut. Das hat auch der Regionalbeauftragte im Ministerium für Koordination und Planung, Normann Bull, bestätigt. Die «Colonia Dignidad» allerdings teilt nun mit, daß der Wissenschaftler gegenüber dem Rektor der Universität Temuco seine Aussagen widerrufen habe. Der Mineraloge redet nicht mehr mit Journalisten. Niemand weiß, ob die «Colonia Dignidad» ihre Schürfrechte weiter nutzt. Im amerikanischen Verteidigungsministerium will man auch nichts sagen. Alle Informationen über Titan sind als «vertraulich» eingestuft. Da paßt es, daß der Präsident der chilenischen Nationalen Energiekommission kein Geringerer ist als der ehemalige chilenische Verteidigungsminister, Generalleutnant Herman Brady Roche.

Im vertraulichen Bericht der deutschen Botschaft in Chile vom 22. 8. 1975, Aktenzeichen 1079/75, teilte der damalige deutsche Botschafter dem Auswärtigen Amt mit, daß in Chile radioaktive Mineralvorkommen entdeckt worden seien. «Da die Bereitstellung der notwendigen Mittel für die Erforschung und Erschließung vermuteter Lagerstätten radioaktiven Minerals die Finanzkraft des Staates übersteigt, wurde durch eine Novelle zum Gesetz 16.319 die Möglichkeit geschaffen, daß auch private in- und ausländische Unternehmen unter Kontrolle des Staates in diesem Bereich tätig werden können. Die Verbindung zur Gesellschaft für Kernforschung in Karlsruhe wird im wesentlichen durch einen hier tätigen deutschen Experten aufrechtgehalten.»

In Bulnes wurde ein bayerisches Phantasieland errichtet. Hinter Stacheldraht am Kilometer 78, fast sieben Kilometer von der Hauptstraße nach Concepcion entfernt, betreibt die «Colonia» das «Casino Familiar», das auch «Dreispitzdorf» genannt wird. In einem Nachbau des Münchener Olympiazeltes unter der blauweißen Rautenflagge, bei ständiger Musikberieselung (Egerländer, Schuhplattler und andere Heimatmelodien), werden Gäste bewirtet. Auf der Spitze des Olympiazeltes wurde ein gold gestrichener bayerischer Löwe angebracht. Die Wege sind ordentlich geharkt, die Wegumrandungen deutlich mit andersfarbigem Schotter hervorgehoben. Schilder bitten höflichst um Beachtung der Markierungen und darum, den Rasen nicht zu betreten.

Die Speisekarte bietet alles, was deutsch ist (zu vielem gibt es, als Zugeständnis an die örtlichen Eßgewohnheiten, noch Mayonnaise extra). Die Speisekarte ist in deutsch und spanisch gehalten, und jedes Gericht trägt Nummern. So können die Kellner, die jeden Morgen aus dem Lager hierher zur Arbeit gebracht werden und kaum Spanisch sprechen, schneller identifizieren, was der Gast bestellt. Es gibt Kasseler und Sauerkraut, Eisbein, Kartoffelpüree, «Bockwürst», Schnitzel, sogar Bier. In einer Kuchentheke liegen vom Frankfurter Kranz, der obligatorischen Mokkatorte bis zum Obstboden alle Kuchensorten einer bestens sortierten Konditorei. Außerdem gibt es Eiscreme. Die Eismaschinen hat noch Heinz Kuhn eingekauft.

Die Kellner tragen je nach ihrer Stellung deutlich erkennbare Uniformen, Zuträger weiße Jacken mit Stehkragen, die etwas höher Anzusiedelnden Kellnerjacke, weißes Hemd und Schleife, der Oberkellner gar eine Krawatte. Hinter der Kasse sitzen junge Männer in gedeckten Anzügen. Am Revers tragen die Kellner Anstecknadeln mit bayerischen Phantasienamen. Mich bedienten ein «Thommerl» und ein «Franzl». Die Namen finden sich dann auf dem Bon der japanischen Computerkasse wieder, wenn man bezahlt.

An den Wänden des Zeltes hängen Poster aus Oberbayern, im Haupteingang gerahmt und zudem mit einer gelben Gloriole versehen, ein postergroßes Porträt des bayerischen Ministerpräsidenten Franz Josef Strauß. Das Farbfoto trägt die persönliche Widmung «Allen Besuchern des ‹bayerischen Dorfes› ein herzliches Grüß Gott!», danach in Gold die Unterschrift: «Ihr Franz Josef Strauß». Für alle, die die Widmung übersehen könnten, wurde noch ein schwarzer Pfeil auf die Mauer gemalt, der auf die Schrift zeigt. Aug in Aug mit dem bayerischen Ministerpräsidenten wurden drei kleine gerahmte Schwarzweißfotos von Anne Frank und den Geschwistern Scholl an der Wand angebracht. Die Fotos sollen als dezenter Hinweis dafür verstanden werden, daß es sich bei den Kolonisten um Verfolgte des Zweiten Weltkrieges handelt.

Auf den Tischen im Zelt stehen blauweiße Plastikständer mit kleinen Fähnchen und Postkarten mit dem stilisierten Olympiazelt. An einer Wand hängen Farbfotos von Heimatveranstaltungen im Zelt. Junge Männer in Lederhosen und anderen bayerischen Verkleidungen turnen auf der Bühne, Mädchen in Dirndln musizieren. In der

ganzen «Colonia Dignidad» gibt es nur eine Person, die auch wirklich in Bayern geboren ist und – wenn auch nur wenige Jahre – dort gelebt hat: Es ist der Präsident Schmidt. Auf der Bühne stehen, in einer langen Reihe hintereinander aufgebaut, über fünfzig kleine Wimpel aus aller Welt.

Draußen plätschert ein Springbrunnen. Auf dem kurzgeschorenen Rasen läuft ein weißer Schwan. Heile Welt. Eine Sonnenuhr ist aufgebaut, hinter hohen Zäunen ein Volleyballplatz angelegt. Unter einem hohen Dach steht eine lange Reihe von schweren Polstersesseln mit Fußstütze ähnlich wie Fernsehsessel. Ein Spielplatz mit buntgestrichenen Karussells und Schaukeln wurde eingerichtet. In einem anderen Zelt befindet sich eine Tischtennisplatte, davor ein Schaukasten mit fotokopierten Dankesbriefen. Wie schön es doch hier sei, daß das Essen überhaupt nicht anders als in der geliebten Heimat schmecke, steht dann da, zumeist in deutsch. «So schön, so sauber, so ordentlich hier», schrieb eine Besucherin.

Über dem Haupteingang wurde ein blauweißes Schild «Bienve-nido» montiert. Ältere Herren mit weißen Mützen winken die Autos der Besucher auf einen überdachten Parkplatz. In einem kleinen Haus ist ein Kolonialwarenladen eingerichtet. Hier werden kiloweise Würste verkauft, Weißbrot und von der «Colonia Dignidad» produ-ziertes Gebäck, Schwarzbrot, Marmeladen und Andenhonig. Feilge-boten werden Kitschpostkarten der nachts angestrahlten Kapelle des Lagers, dazu angemalte Handarbeiten aus Salzteig, Häkeltopflappen und naive Bilder.

Chilenische Familien und Deutsch-Chilenen mögen das «Casino Familiar», auf das schon an der Hauptstraße mit großen Werbeschil-dern «Deutsche Produkte», «Kaffee und Kuchen» hingewiesen wird. Die Toiletten sind blitzblank, überall steht ein hilfreicher Geist be-freit, ein Badestrand ist um die Ecke (Baden im Bikini verboten), die Preise sind äußerst günstig. Und zudem (demonstrativ parkt ein Volvo-Krankenwagen auf dem Gelände) ist ja auch alles für eine gute Sache.

«Public Relation» sei das «Casino Familiar» der Kolonie, schreibt die Zeitung *Mercurio*. Da hat sie wohl recht. Ins Gaststättengewerbe eingestiegen ist die «Colonia Dignidad», nachdem Georg und Lotti Packmor und Hugo Baar aus dem Lager geflüchtet waren. Die La-gerleitung trat die Flucht nach vorn an. Noch nie war es so hochran-gigen Koloniemitgliedern gelungen, dem Lager den Rücken zu keh-ren. In Erwartung der Aussagen der Ex-Mitglieder wurde schnell gebastelt und konstruiert. Klein-Bayern entstand, um überall in der Öffentlichkeit dafür zu stehen, daß die «Colonia Dignidad» sich nicht abschließt, daß man offen, freundlich, sauber und eben sehr deutsch ist, Eigenschaften, mit denen man allemal in Chile Punkte sammeln kann.

Aber selbst der gepflegte Freizeitpark weist einige Merkwürdigkei-ten auf, die an ein Internierungslager denken lassen. Rundherum wurde hoher Stacheldraht gezogen. Es gibt nur einen Eingang. Foto-grafieren und Filmen, so steht es groß und deutlich auf einem Schild, sind ausdrücklich untersagt. Wer nicht den Erwartungen der weiß-bemützten Herren am Haupteingang entspricht, kommt in das bayerische Dorf gar nicht erst hinein. Auf dem Parkplatz parkt ein blaumetallic lackierter Chevrolet mit Funkantenne. Und in den Lie-gestühlen räkeln sich grimmig dreinblickende Chilenen mit der obli-gatorischen verspiegelten Sonnenbrille, ganz nach Klischee. Die

Herren vom Geheimdienst müssen auch für Kaffee und Kuchen nicht zahlen.

Kellner und Bedienstete der gespenstischen Vergnügungseinrichtung wechseln kein Wort mit den Gästen. Ab und an streicht einer der älteren Männer einem der Kinder über den Kopf. Frauen arbeiten nur im Hintergrund, in der Küche oder als Toilettenfrauen. Die «Colonia»-Mitglieder, die in einem Omnibus mit verhangenen Scheiben hierher zur Arbeit gebracht werden, dürfen, auch bevor das Casino geöffnet ist, nur in der Küche stehend ihr Frühstück einnehmen. Das fiel einem Deutsch-Chilenen aus Santiago auf, der das Restaurant besucht hatte: «Die Frauen standen da und tranken Tee. Niemand setzte sich an die Tische, die ja alle noch leer waren. Als sie mich in der Küche entdeckten, wurde ich sofort herauskomplimentiert.» Besucher verlassen manchmal mit einem komischen Gefühl die verklemmten Deutschen und ihr verbarrikadiertes Wunderland, aber sie kommen wieder.

Naiv-weltfremde Religionsgemeinschaften deutschen Ursprungs gibt es in Südamerika genug. Und solange Preis und Leistung stimmen und die Kinder ihren Spaß haben, fahren die Chilenen zu den verrückten Deutschen. Das «Casino Familiar» ist ein Erfolg, auch bei den in Chile lebenden Deutschen. In Santiago wird kolportiert (eine Bestätigung dafür gibt es nicht), daß der Militärattaché der deutschen Botschaft, Hans-Jürgen Müller-Borcherts, hier privat mit Freunden gefeiert hat, nachdem ihm von der chilenischen Diktatur ein Orden verliehen wurde. Im Gästebuch des «Casino Familiar» prangt die Unterschrift von Lucia Pinochet. Und ihr Gatte, Diktator Augusto Cesar, war im August 1987, auf der Rückreise von einem Wahlkampfauftritt bei Chillian, zum Kaffeetrinken im «Bayern-Dorf».

Vor dem «Casino Familiar» gab es hier die Streinbrechanlage. Aus dem Fluß wird mit einer großen Maschine Schotter herausgebaggert und dann in einer Trommel auf jede gewünschte Größe zerkleinert. Mit Schotter der «Colonia Dignidad» wurden Tausende Kilometer Straßen in Südchile gebaut, Brücken und Landepisten. Die Arbeiter der «Colonia Dignidad» sollen am Bau des Elektrizitätswerks von Temucu mitgearbeitet haben.

Ein Dutzend schwerer Muldenkipper und Bagger, alle orangefarben lackiert, parken an der Steinbrechanlage. Es sind deutsche Fahrzeuge, Mercedes Benz und M. A. N. Georg Packmor leitete diese Anlage. Die «Colonia Dignidad» läßt sich ihre Waren und Dienstleistungen gerne bar bezahlen. Das Geld wird dann bündelweise bei Paul Schäfer abgeliefert. Allein die Steinbrechanlage erbrachte wöchentlich 200 000 chilenische Pesos.

Die «Colonia Dignidad» selbst ist eine kleine Stadt. Die «Aufbauleistung» der Deutschen, die immer wieder öffentlich gerühmt wurde, ist tatsächlich beachtlich. 160 Kilometer Straßen wurden gebaut, Backsteine und Dachziegel selbst produziert. In einer Großbäckerei laufen täglich 1000 Laibe Brot, auch das begehrte Schwarzbrot, vom Band. Eine eigene Metzgerei und Wurstfabrik, Schlachterei, Konservierungs- und Verpackungsmaschinen – die «Colonia Dignidad» ist ein Nahrungsmittelkonzern. Vermarktet werden die Waren in den Geschäften einer von einem Deutschstämmigen betriebenen Supermarktkette als «Naturprodukte», ähnlich unseren «Bio-Produkten». Im «Pueblo Ingles» in der Avenida Vidancura 6000 in Santiago sind «Colonia»-Produkte in den Regalen aufgereiht, im Laden «Piruschka», in jeder chilenischen Stadt.

In den Ställen des Lagers stehen einhundert Kühe. Jede der Kühe trage einen eigenen Namen, verbreitet die «Colonia Dignidad» in der Öffentlichkeit, um auf die grenzenlose Tierliebe der Kolonisten hinzuweisen. Alle zwölf Stunden werden die Kühe in einer mobilen Melkanlage gemolken. In Legebatterien werden Tausende Hühner gehalten. Im ganzen Land bekannt ist die Schweinemast der «Colonia». Nirgendwo sonst in Chile, veröffentlichte jüngst ein chilenischer Agronom, sei die Produktivität in Landwirtschaft und Viehzucht höher als in der «Colonia Dignidad». Gänse, Fasane, Enten, Truthähne und Rebhühner werden gezüchtet. 60 Gemsböcke laufen in einem Gehege herum.

Alles ist da: Eine eigene Käserei, eine Ölmühle, in der aus Raps Pflanzenöl gepreßt wird, eine «Honigbodega», in der der Andenhonig «Tres Picas» geschleudert wird, eine Konditorei für Kuchen und Gebäck, die Wurstküche. Was nicht sofort verkauft werden kann, wandert ins Kühlhaus.

Kleidung für die Lagerbewohner wird nicht gekauft. In der Herrenschneiderei und der Damen-«Nähstube» nähen ein Schneider und mehrere Gehilfen Trachten und Uniformen, die Herren der Führungsschicht tragen Maß. In einer Scheune lagern tonnenweise Altkleider, freundliche Spenden aus der Bundesrepublik. Hier werden die Altkleider gewaschen und – wenn nötig – repariert und: an die arme Bevölkerung verkauft. Das bringt wieder Geld in die «Colonia-»Kasse. Anläßlich einer Landwirtschaftsausstellung in Talca, wo die «Colonia Dignidad» ein hinter einer hohen weißen Mauer abgesichertes kleines «Bayern-Dorf» aufgebaut hatte, wurde auf einer grünen Wandtafel stolz Buch darüber geführt, wie viele Altkleider verkauft wurden: Knapp 1500 Menschen hatten in dem vom Lager eingerichteten Second-hand-Shop eingekauft.

Die «Colonia Dignidad» ist ein Bilderbuch-Dorf. Rote Dächer, weiße Wände, Mädchen mit Zöpfen und bunten Kopftüchern, fleißige Hände, ratternde Traktoren, ein goldlackierter Mercedes-Omnibus stottert über die Hauptstraße. Der Oldtimer wird als «Schulbus» eingesetzt und soll so außerhalb des Lagers deutliches Symbol dafür sein, wie geschickte Hände aus uralten Spenden wieder etwas herrichten können. Die «Colonia» ist eine einfache Welt, links von der Hauptstraße liegen die Wohnhäuser, rechts die Werkstätten und Betriebe. Die fleißigen Deutschen haben alles, um autark überleben zu können, auch viele Installationen, die ein Wohltätigkeitsverein oder eine Mission wohl nur selten nötig hat.

Mit einem 54 Meter hohen Sendemast ist eine der stärksten Funkanlagen Chiles verbunden. Die «Colonia Dignidad» funkt auf mehreren Frequenzen, eine davon wurde ihr eigens vom Transportministerium zur Verfügung gestellt. In die Funkgeräte sind sogenannte «Zerhacker» installiert, die Funksprüche elektronisch verschlüsseln. Wer einen Empfänger mit einem entsprechend programmierten Zusatzgerät hat, kann dann die Funksprüche empfangen. Die Funkanlagen wurden zudem mit einem Adapter für das interne Telefonnetz versehen. Die chilenische Marine hat die teuren und hochkomplizierten Funkanlagen besichtigt und genehmigt. Soviel technische Raffinesse, aber auch teure Investition erzeugte bei den Militärs nur ungläubiges Staunen.

Die «Colonia Dignidad» hat eine eigene Fernsehstation. Drei professionelle JVC-Kameras, jede im Wert von 50 000 Mark, ein U-Matic-Schnittplatz, Synchronstudio, alles vom Feinsten. Das Krankenhaus hat einen eigenen Operationssaal. Die Ausstattung des Operationssaales stammt aus Bonn. Es gibt ein medizinisch-technisches Labor, eine Lagerapotheke, jenes berühmte Elektroschockgerät, eine leinkinderstation und Einrichtungen für Zahnbehandlung, teure und für die örtlichen Bedingungen erstaunlich professionelle und moderne Geräte.

Wie das Krankenhaus liegen alle Wohngebäude links von der Hauptstraße des Lagerdorfes. Im sogenannten «Kinderhaus», einem zweistöckigen Wohnhaus, wohnen Hartmut Hopp, seine Frau und die Kindergruppen. Das «Kinderhaus» ist unterkellert. Um einen großen Schotterplatz, ähnlich einem Exerzierplatz, sind die drei wichtigsten Gebäude gruppiert: Das «Frei-Haus», errichtet zu Ehren des ehemaligen chilenischen Präsidenten Eduardo Frei (der dann allerdings wegen des ersten Skandals nie zu Besuch kam), ist das Wohnhaus Paul Schäfers. Hier hat er sein «Club-Zimmer», eine eigene kleine Küche, Bad und Toilette. Am Eingang ist eine schmiedeeiserne Landkarte von Chile angebracht. Das Entree ist repräsentativ. Im «Frei-Haus» befinden sich zwei Säle, in denen die Koloniemitglieder vor hohen Gästen oder Besuchern musizieren müssen.

Alle «Colonia»-Bewohner essen gemeinsam in einem großen Speisesaal. Für Paul Schäfer wird extra gekocht. Fleisch gibt es nur selten. Nach ihrer Flucht aus der «Colonia Dignidad», erzählt zum Beispiel Lotti Packmor heute, habe sie einen ungeheuren Hunger nach Fleisch gehabt. Essen gibt es in Abstufungen. «Besuchsessen», besonders gut, besonders schmackhaft, das Essen für die Kolonisten und Eintopf für die Bauern und Arbeiter.

Im «Zippel-Haus», einem mehrstöckigen unterkellerten Gebäude, sind Küche, Kühlräume und die Büros von Dr. Seewald, Hobby-Jurist Blank und Präsident Schmidt untergebracht, zudem das kleine Fernsehstudio mit Schneideraum.

Daran wiederum schließt sich ein längliches Gebäude an von der Dimension einer Mietskaserne für ein Dutzend Familien. Auf dem Dach des Hauses sind mehrere Antennen installiert. Auch dieses Gebäude ist unterkellert. Kühlräume wurden eingerichtet. Büros und die «Nähstube» (die Kleiderkammer für die Frauen) liegen hier. In der zweiten Etage wurde die Überwachungszentrale installiert, die «Rezeption», in der rund um die Uhr zwei ehemalige «Sprinter» Funk- und Telefondienst machen und die Überwachungseinrichtungen kontrollieren. Hier laufen alle Leitungen des internen Telefonnetzes zusammen, lassen sich alle Telefonapparate abhören. Die Bilder aller Überwachungskameras laufen hier auf, Lage- und Schaltpläne für andere Sicherungseinrichtungen sind auf ein Pult montiert. Wird ein Stolperdraht abgerissen, gibt es Alarm. Und das geschieht oft, denn immer wieder laufen Tiere durch die Drähte, die fein wie

Spinnweben sind. Per Knopfdruck wird von hier das Haupttor elektrisch geschlossen, wenn Gefahr besteht oder einer der Wächter bei einem Fluchtversuch ertappt wird. Um die Wächter auf Trab zu halten und die «Einsatzbereitschaft» zu überprüfen, wird im Fundo in unregelmäßigen Abständen Probealarm gegeben. Die überall installierten Drucksirenen heulen dann im Intervall auf. Für alle Bewohner bedeutet das: «Pius» soll entführt werden oder, je nach Tonfolge, ungebetene Gäste sind im Anmarsch.

Auf der anderen Straßenseite, parallel zur «Rezeption», liegt der «Kartoffelkeller», ein unterirdischer Raum von mehr als 200 Quadratmetern Fläche. Daneben ein Wohnhaus, in dem sich die «Herrenschneiderei», Schlafsäle und das Fotolabor befinden.

Hinter dem «Frei-Haus» zieht sich ein schmaler Weg durch idyllische Landschaft. Durch eine Pergola mit Rosen, vorbei an Obstbäumen, führt der Schotterweg zum sogenannten «Waldhaus». In dem etwas abgelegenen Gebäude lebt die Prominenz. Hier werden auch hohe Gäste untergebracht. Hier wohnt Gerhard Mücke, hier wohnte Hugo Baar. Neben dem «Waldhaus» liegt ein großer Zwinger. Mehrere Dutzend Hirsche werden hier gehalten. Die Hirsche sind ein Geschenk des rechtsradikalen Geschäftsmannes Malte Radmann-Puffe, der sie nach der großen Enteignungswelle in Chile als freundschaftliches Präsent im Lager vorbeibringen ließ. Seit den siebziger Jahren, vor dem Militärputsch, ist Malte Radmann-Puffe eng mit Paul Schäfer befreundet. Über dem Geschenk kam es zum Krach, denn der Geschäftsmann wollte irgendwann Geld für die dreißig Hirsche sehen. Am Salto e Lache, einem Wasserfall etwa hundert Kilometer von Parral entfernt, betreibt die Familie Radmann-Puffe ein Hotel. Ehemaliger Geschäftsführer: Heinz Kuhn.

Die Funkbude mit der 54 Meter hohen Funkantenne, die Mühle mit zwei Silos und ein winziges Büro, in dem Schreibmaschinen mit unterschiedlichsten Schrifttypen, Lichtsatzgerät und andere Gerätschaften untergebracht sind, wurden etwas abseits der Hauptstraße errichtet.

In einer überdimensionalen Halle parken Omnibusse, Mähmaschinen, Traktoren, Lkw und Mercedes-Limousinen. Gegenüber diesem Gebäude liegt eine ebensogroße Halle. Hier haben die Malerei, die Elektrowerkstatt, die Schmiede, die Dreherei und ein kleiner Karosseriebetrieb ihren Platz. Daran schließen sich die Tischlerei und ein Sägewerk. Weiter ab, Richtung Fluß, wurden die Hühnerställe gebaut. Zwischen dem Werkstatt-Trakt und den Kuhställen befindet sich eine Autowaschanlage und eine Grube. Im sogenannten «Weizenhaus» müssen die «alten Herren» leben.

Strom wird in einem eigenen Wasserkraftwerk erzeugt. Über mehrere hundert Meter wurde parallel zum Fluß Perquilauquén ein Kanal gezogen. Am Generatorgebäude, es liegt etwa auf der Höhe der Ställe und des Kartoffelkellers, wurde ein Schwimmbad eingerichtet.

Schließlich das zweistöckige Krankenhaus: Ein großes rotes Kreuz wurde auf die Dachziegel gemalt. Der Operationssaal liegt zur Straße hin. Dem entgegengesetzt Räume für den «Juristen» des Lagers, Hans-Jürgen Blank. Das Krankenhaus hat drei Eingänge. Auf der zweiten Etage – sie ist nicht frei für jeden Patienten zugänglich – befinden sich die Zimmer 14 und 9, in denen die Elektroschockbehandlungen stattgefunden haben sollen. Die Patienten dürfen das Krankenhaus nur nach Aufforderung betreten und können sich nicht frei in der Poliklinik bewegen. In einem kleinen Holzhaus vor dem eigentlichen Krankenhaus wurde ein Wartezimmer eingerichtet. In einem Speiseraum erhalten die armen Bauern aus der Umgebung einen Eintopf. Dieser Eintopf muß einen derart charakteristischen Geschmack haben, daß in der Umgebung der «Colonia Dignidad» inzwischen der Satz «das schmeckt wie im Krankenhaus der Deutschen» geprägt wurde.

Mit dem roten Kreuz auf weißem Kreis wird in der «Colonia Dignidad» vieles gekennzeichnet, Autos und Flugzeuge tragen das Symbol weltweiter Hilfsbereitschaft, auch das Empfangshaus am Haupteingang ist derart gekennzeichnet. Bewohnerinnen der «Colonia Dignidad» tragen gestärkte graue Trachten mit weißem Kragen, weißen Schürzen und weißen Häubchen mit dem roten Kreuz. Die Bluse wird durch eine Brosche des Deutschen Roten Kreuzes zusammengehalten.

Diese Kostümierung ist rechtswidrig. Das haben inzwischen der Verband der Schwesterschaften vom Deutschen Roten Kreuz e. V. und das Generalsekretariat des Deutschen Roten Kreuzes festgestellt. In Chile gibt es seit 1968 keine deutschen Rote-Kreuz-Schwestern mehr. Als das in der «Aktuellen Stunde» des Westdeutschen Rundfunks aufgedeckt wurde, forderte das Deutsche Rote Kreuz von den deutschen Kolonisten in Chile eine Erklärung. Sechs Krankenschwestern der «Colonia Dignidad» teilten daraufhin mit, daß sie Uniform und Brosche zurückgeben würden. Die Oberin des Verbandes der Schwesternschaften im Roten Kreuz möge sich die Broschen und die Uniformen doch bitte selbst abholen. Sie sei recht herzlich eingeladen zu einem Besuch in der «Colonia Dignidad». «Selbstverständlich ist die Flugkarte in diese Einladung eingeschlossen», schreibt die «Colonia Dignidad». Der Präsident des DRK-Landesverbandes Oldenburg, Dr. J. Osterloh, hat versucht, die «Colonia Dignidad» im Dezember 1987 zu besuchen. Er war Mitglied einer von Bundesaußenminister Genscher ausgeschickten Untersuchungskommission, die die Zustände in der «Colonia Dignidad» untersuchen sollte. Zutritt zu dem Lager erhielt der Emissär des Deutschen Roten Kreuzes nicht.

Die sechs Schwestern, jede für sich, schrieben dem Deutschen Roten Kreuz einen bösen Brief. Über das Ansinnen des Deutschen Roten Kreuzes seien sie bestürzt und verwundert, ist in den Briefen an die Oberin zu lesen.

«Voller Stolz» hätten sie jetzt «Brosche und Tracht unserer gemeinnützigen Gesellschaft» entgegengenommen. Nun tragen sie die Phantasie-Uniformen aus der «Colonia»-Schneiderei.

Auch die Benutzung des Rote-Kreuz-Symbols ist rechtswidrig. Nach dem Genfer Abkommen darf das Zeichen nur von Sanitäts-Einrichtungen benutzt werden, die kostenlos Patienten behandeln und zudem die Genehmigung des zuständigen Generalsekretariats haben. Ganz so kostenlos wie die «Colonia Dignidad» glauben machen will, ist das Krankenhaus nicht. Die staatliche chilenische Gesundheitsbehörde FONASA (Fondo Nacional de Salud) und der SNS (Servicio Nacional de Salud – Nationaler Gesundheitsdienst) zahlen für jeden behandelten Patienten einen Zuschuß. Und von vielen Patienten wird ein anderer Obolus erwartet. Sie sollen Produkte der «Colonia Dignidad» kaufen oder aber Getreide abliefern, das dann in der Kolonie-Mühle gemahlen wird.

Zudem wird im Krankenhaus der «Colonia Dignidad» nicht jeder behandelt. Nur die Patienten, die als linientreu vom Freundeskreis der «Colonia Dignidad» in Parral empfohlen wurden, kommen wirklich durch das Lagertor und in den Genuß einer ärztlichen Betreuung. Ledige Mütter müssen ihre Kinder woanders zur Welt bringen. Die «Colonia»-Ärzte akzeptieren keine unverheirateten Schwangeren. Die Hilfsbereitschaft der Lagerärzte ist nur an zwei Tagen der

Woche, dienstags und freitags, verfügbar. Wer an anderen Tagen zum Krankenhaus will, hat erst einmal Pech gehabt.

In Santiago gibt es ein funkelnagelneues, weithin anerkanntes und wohlausgestattetes deutsches Krankenhaus. Kein Bewohner der Kolonie ist je in dieses Krankenhaus überwiesen worden, auch nicht zu dringend notwendigen Operationen, die im lagereigenen Krankenhaus nicht durchgeführt werden könnten. Kranke Lagerinsassen werden in die Klinik der Universität «Catholica» in Santiago gebracht. Die «Colonia Dignidad» bezahlt dort für eigene Belegbetten. In der «Catholica» berichten die Ärzte hinter vorgehaltener Hand zum Beispiel von der extremen Häufung von Hüftgelenkserkrankungen in der «Colonia Dignidad». Der Gesundheitszustand der Deutschen aus dem Süden sei erbärmlich, nie seien die Patienten alleine im Krankenzimmer, immer bemühe sich «Schwester Dorchen» um die Kranken, die gehemmt und verängstigt in der Universitätsklinik einer Sonderbehandlung unterzogen werden. Ins deutsche Krankenhaus von Santiago, so vermuten die Mediziner, dürften die «Colonia»-Mitglieder nicht, weil sie sich dort ja verständlich machen könnten. So, ohne ein Wort Spanisch sprechen zu können, seien sie in der Universitätsklinik zur Sprachlosigkeit verurteilt. In der «Catholica» erzählt man sich auch, daß «Colonia»-Arzt Dr. Hartmut Hopp (er ist Chirurg) erschreckend oft schon vor der Einlieferung der Patienten in die Universitäts-Klinik von Santiago auch bei schwierigen Fällen selbst zum Messer gegriffen habe. Und: Eine unheimliche Häufung von Hüftgelenksoperationen, offensichtlich Hopps spezielles Interesse, sei feststellbar.

In Heisterschoß bei Hennef, Südweg 32, ist die «Private Sociale Mission» untergebracht, die deutsche Muttergesellschaft der Sekte. Die weiße Villa ist zugleich Sitz der Firma «Schaak oHG». Auffällig ist ein hoher Sendemast im Garten. Die Funkantenne ragt über das Dach. «Spezialisten», so erzählt eine Nachbarin, seien «extra aus Chile gekommen», um die Antenne aufzubauen. Antennenspezialist der «Colonia Dignidad» ist Eugen Böckler. Anwohner halten die freundlichen älteren Damen und Herren zwar für unheimlich, aber man legt Wert auf gute Nachbarschaft. Um das ständig wachsende Mißtrauen in dem bürgerlichen Wohngebiet zu zerstreuen, haben die Deutschland-Vertreter der «Colonia Dignidad» im Südweg eine Videokassette mit Aufnahmen aus der Kolonie vorgeführt. Die Nachbarin: «Das war alles sehr ordentlich, sehr sauber. Die hatten ein schönes, großes Krankenhaus dort. Die tun viel Gutes da unten. Mir ist nur erst später aufgefallen, daß nirgendwo ein Mensch zu sehen war.»

Früher war die Deutschland-Zentrale des Lagers in der Michaelstraße in Siegburg untergebracht. Die neue Adresse hat aber mehrere Vorteile: Das Haus liegt, schwer einsehbar, in einem wohlgepflegten Garten, auf einem Berg, ideal für eine professionelle Funkstation. Im Handelsregister beim Amtsgericht Siegburg sind als Gesellschafter die Firma «Schaak oHG» Eva Schaak, wohnhaft in Parral/Chile, und der in Hennef gemeldete «Lehrer» Hans-Jürgen Blank eingetragen. Derselbe Blank hat laut Vereinsregister nun die Funktion des geflüchteten Hugo Baar übernommen. Er ist erster Vorsitzender der «Privaten Socialen Mission». Hugo Baar wurde auch dann noch als erster Vorsitzender im Register geführt, als er schon längst geflüchtet war.

Zweiter Vorsitzender ist Kurt Schnellenkamp. Eingetragen als erster Wohnsitz ist die Mühlenstraße 54 in Siegburg, wo auch die Schriftführerin, Frieda Krüger, angeblich lebt. In der Mühlenstraße 54 in Siegburg unterhält die «Colonia Dignidad» noch ein kleines Feinkostgeschäft, einen «Tante-Emma-Laden», in dem verschlossene ältere Damen aufs freundlichste unter anderem Honig aus der «Colonia Dignidad» verkaufen. Den alten Herrschaften, die bei Reporter-Besuch sofort im Hinterzimmer verschwinden und aufgeregt lostelefonieren, traut niemand zu, daß sie Mitglieder einer konspirativen Vereinigung heimlichtuender Sektierer sind. Kurt Schnellenkamp genau wie Hans-Jürgen Blank, die angeblich in der Bundesrepublik ihren «ständigen Lebensmittelpunkt» haben, leben aber schon seit Jahrzehnten als Mitglieder der Führungsschicht der «Colonia Dignidad» in Chile. Dr. Hartmut Hopp, auch er ist im Vereinsregister eingetragen, hat einen ganz exklusiven Wohnort angegeben. Ersten Wohnsitz hat er demnach in Rottach-Egern am Tegernsee.

In St. Augustin-Mülldorf, Südstraße 16, schließlich hat die «Schaak oHG» ein Lager. In einem verfallenen Haus und einem Schuppen werden Altkleider, Medikamenten-Spenden, aber auch Fahrzeuge, technische Geräte und unscheinbare Kisten aufbewahrt. Die «Schaak oHG» ist bekannt dafür, daß sie alle Güter selbst in die Übersee-Container verpackt. Das ist ungewöhnlich, denn sonst werden Container von der beauftragten Reederei zur Verfügung gestellt. Ein solcher zwanzig Tonnen fassender Überseecontainer – so groß wie eine Autogarage – muß sehr sorgfältig beladen werden, damit er nicht in der

124

Mitte auseinanderbricht. Es ist eine Arbeit für Experten. Den Transport übernimmt die Siegburger Spedition Hoß. Dieser Container der «Colonia» trägt die Aufschrift «S B E D (Sociedad Benefactora y Educacional Dignidad) Valparaiso Chile», die Nummer «313-5» und aufgesprüht die Buchstaben «OK». Die Container werden nach Antwerpen gebracht und dort auf die «Isla de la Plata» verladen. Das Frachtschiff fährt unter Panama-Flagge, gehört der Bremer Reederei Hapag-Lloyd und läuft regelmäßig eine ganze Reihe südamerikanischer Häfen an. Absender ist nicht die gemeinnützige «Private Sociale Mission», sondern die «Schaak oHG, Hennef». Zollamtlich geöffnet werden die Container nicht. Bei «Missionsgut» sehen die Zöllner dazu keine Veranlassung. Zudem geht man bei der Zollabfertigung davon aus, daß das Empfängerland die zollamtliche Abfertigung übernimmt. In den Akten des belgischen Zolls ist über fünfundzwanzig Jahre lang nicht eine einzige Stichprobe registriert.

Im Hafen von Valparaiso in Chile wird der Container dann von der «Colonia Dignidad» in Empfang genommen. Das Lager ist zollfreies Gebiet, da müssen sich die chilenischen Zöllner gar nicht erst die Mühe machen. Patrizio Stillmann, der Zollagent, ist nach Angaben der Geflüchteten zudem «gerngesehener Gast» in der «Colonia Dignidad». Und «Gästen» widmet man sich im Lager mit besonderer Aufmerksamkeit. Alles hat seinen Preis.

Alfred Matthusen (Spitzname: «Der Bäcker») galt im Lager als Zollexperte. Er lebt heute in Hennef im deutschen Mutterhaus, nachdem Alfred Schaak, der zweite Namensgeber der «Colonia»-Firma «Schaak & Kuhn», unter sehr eigenartigen Umständen gestorben ist.

Frachtraten von monatlich bis zu 60 000 Mark bezahlt die «Private Sociale Mission» immer pünktlich. Das war nicht immer so. Bis Mitte der siebziger Jahre nutzte die «Colonia Dignidad» die großzügig eingeräumten Zahlungsziele bis zur letzten Minute. Das hat sie heute offensichtlich nicht mehr nötig. Wer will, dem bezahlt die «Colonia» Rechnungen auch bar auf die Hand.

Früher bediente sich das Lager gern der staatlichen chilenischen Fluggesellschaft «LAN Chile». Doch deren Frachtgutabteilung am Frankfurter Flughafen ist inzwischen geschlossen, die chilenische Fluggesellschaft mußte abspecken. Der damalige Leiter der Frachtabteilung von «LAN Chile» in Frankfurt, Wolf von Arnswaldt, ging einer gefährlichen Nebenbeschäftigung nach und mußte die Bundesrepublik verlassen. Als Mitarbeiter des chilenischen Geheimdienstes soll er beim Attentat auf den ehemaligen chilenischen Außenminister Letelier in Washington seine Hände im Spiel gehabt haben und die Transportprobleme der Attentäter gelöst haben.

Heute unterhält die Kolonieführung freundliche Kontakte zu Residenten der «Lufthansa» in Chile. Das Landgut ist ja auch ein guter Kunde. Fast regelmäßig wird mit der Mittwoch- und Samstag-Maschine der «Lufthansa» eilige Luftfracht befördert. Die erste Garnitur der «Colonia Dignidad» reist oft durch die Welt. In der Regel mit der «Lufthansa». So jettet Hartmut Hopp, der «Außenminister» des Lagers, mehrfach im Jahr zwischen Südamerika und der Bundesrepublik hin und her. First Class kostet ein Hin- und Rückflug 10477 Mark, in der Business-Class 7592 Mark. Jüngst war der kosmopolitische Doktor in Australien, nicht zum erstenmal. Umgetan hat er sich in der Hauptstadt Canberra. Nicht neuen Lebensraum habe er dort gesucht, stellt Hartmut Hopp klar, sondern eine besondere Art von Schaf-Parasiten erforscht, die in Chile genausoviel Unheil anrichteten wie in Australien. Die Flüge in die Bundesrepublik hätten einen anderen Grund. Dort besuche er regelmäßig seinen Doktorvater.

Andere Transportprobleme löst die «Colonia Dignidad» zum Beispiel so: Im September 1987 wurde ein Mitglied einer deutschen Reisegruppe in einem Hotel in Santiago von einem freundlichen Herrn angesprochen. Der deutsche Doktor in Chile stellte sich als «Dr. Hartmut Hopp» vor und lud zu einem Besuch in der «Colonia Dignidad» ein. Dort gab es Chorkonzert und festliche Bewirtung, eine Rundfahrt im goldlackierten Oldtimer und schließlich eine Bitte: «Ein falsch geliefertes Getriebe», eingepackt in eine Holzkiste, müsse zurück nach Deutschland geschafft werden. Ob der Herr denn vielleicht so freundlich sein würde, die Kiste in seinem Gepäck mit nach Deutschland zu nehmen. Der Herr, zwar stutzig geworden durch «das Theater, das die dort machten», wollte seinen freundlichen Gastgebern nichts ausschlagen. Er nahm die Kiste als sein persönliches Gepäck mit und wurde am Flughafen in Frankfurt von einem Vertreter der «Privaten Socialen Mission» freundlich empfangen. Die Kiste überreichte er dem älteren Herrn und wurde zum Dank im VW-Bus nach Hause gefahren.

Anders entstand der Kontakt zu einer Gruppe von deutschen Ärzten. Als Teilnehmer des 59. Internationalen Chirurgen-Kongresses vom 16. bis 20. November 1986 in Santiago sprach Dr. Hartmut Hopp beim Cocktail deutsche Ärzte an und forderte sie zu einem Besuch in der «Colonia Dignidad» auf. Den Transport der elf Ärzte besorgten die chilenischen Militärs, die die «Multiplikatoren», die in der Bundesrepublik das Loblied der «Colonia» singen sollten, im Hubschrauber zum Lager brachten. Die Herrschaften wurden bewirtet, im Lagerkrankenhaus herumgeführt und darauf hingewiesen, wieviel noch zu tun sei für die medizinische Betreuung der armen Bevölkerung in Südchile. Der Besuch der Ärztegruppe fand natürlich an einem der zwei Krankenhaustage statt. In den Bettchen der Kleinkinder-Station lagen Babies, ein Lageplan des Einzugsgebietes des Krankenhauses wurde gezeigt und die Statistik vorgelegt, wie viele Kinder schon in diesem Krankenhaus geboren wurden. Die «Colonia Dignidad» hat seitdem neue Spender.

Dabei hat die Kolonie Geld, viel Geld. Bei der Kreissparkasse Siegburg und der Commerzbank Siegburg unterhält sie auf den Namen von Kolonie-Mitgliedern Dollar- und Girokonten. Auf eines dieser Konten hat die Bundesversicherungsanstalt für Angestellte bis in die jüngste Zeit regelmäßig Renten von nach Chile verschwundenen Lagerbewohnern gezahlt. Etwa 720000 Mark sollen so Jahr für Jahr zusammengekommen sein. In der «Colonia Dignidad» heißt das Renten-Konto «HM-Konto», weil es auf den Namen von Hildegard Möhring geführt wird. Finanzbuchhalterin im Lager ist Erika Blank, geborene Heimann. Unter der Nr. 18900 führt die «Colonia Dignidad» in Concepcion ein Konto bei der «Banco Commercial de Curio», ein anderes Konto führt sie bei der «Sociedad Banco de Chile». Zeichnungsberechtigt für diese Konten sind Kurt Schnellenkamp und Präsident Hermann Schmidt. Bis zu seiner Flucht hat auch Georg Packmor «Colonia»-Schecks unterschrieben.

Die «Schaak oHG» hieß bis 1985 noch «Schaak & Kuhn», obwohl es für den Namen Kuhn schon seit zwei Jahrzehnten keine Berechtigung mehr in der Firmen-Bezeichnung gibt. Seit zehn Jahren tätigt Heinz Kuhn (offiziell) keine Geschäfte mehr für die «Colonia Dignidad» und führt unabhängig von dem Lager in der chilenischen Stadt Los Angeles mehrere kleine Geschäfte.

Santiago de Chile, Campos de Deportes 817, eine gute Adresse: Eine hohe Mauer, von Hecken bewuchert, umgibt eine graue Villa, das Stadthaus der «Colonia Dignidad». Die Zugangstüren zu dem Anwesen sind aus Stahl, auch das große, breite Garagentor. Zu einem Nachbargrundstück wurde aus milchigen Kunststoffplatten ein großflächiger Sichtschutz angebracht. Schilder verbieten den Eintritt und warnen vor Hunden. Ein Name steht nicht an der Gegensprechanlage. Es gibt eine zweite Garageneinfahrt. Das Gebäude ist verriegelt, die weißen Holzläden sind ständig geschlossen.

Die Adresse ist berüchtigt, denn nur einen Steinwurf weit liegt das «Estadio Nacional», das Sportstadion von Santiago. Hier wurden im September 1973 von den putschenden Militärs Regimekritiker zusammengetrieben und interniert. Der sogenannte «Kapuzenmann», ein zu den Putschisten übergelaufener Sozialist (um unkenntlich zu bleiben, trug er eine schwarze Kapuze auf dem Kopf), sortierte unter den Gefangenen ehemalige Parteigenossen aus und lieferte diese den Militärs ans Messer.

Das Stadthaus der «Colonia Dignidad», so beschreiben es Geflüchtete, verfügt über eine Überwachungsanlage mit Kameras. Auf der ersten Etage ist eine kleine Zentrale eingerichtet, in der auf sechs kleinen Monitoren die auf der Straße aufgezeichneten Kamerabilder zu sehen sind. Deutlich sichtbar sind auf dem Dach der Villa mehrere Funkantennen und in einem hohen Baum eine weitere, besonders lange Funkantenne installiert. Einen Bunker für 300 Personen soll es hier geben. Auf dem Anwesen befindet sich eine Rampe, mit der sich Fahrzeuge unterirdisch absenken lassen. In dem Stadthaus, so Dr. Hopp, würden Patienten der «Colonia Dignidad» auf dem Weg zur Universitätsklinik untergebracht. Von hier aus wird die Verteilung der von der «Colonia» vertriebenen Lebensmittel organisiert. Das Haus liegt verkehrsgünstig am Stadtrand von Santiago.

Foltern für den Diktator
Kontakte zwischen Geheimdienst und der Kolonie

«Colonia Dignidad befindet sich auf dem Weg zu den heißen Quellen von Catillo, in Parral, 400 Kilometer südlich von Santiago, in der Provinz Linaris. Es handelt sich um eine landwirtschaftliche Siedlung, von der es heißt, sie sei praktisch eine Stadt, mit Schulen und Krankenhäusern, und der notwendigen Infrastruktur für 500 Personen. Nach Aussagen wurden in der Colonia Dignidad Häftlinge verschiedenen ‹Experimenten› ohne irgendwelche Befragung unterworfen: Hunde, die darauf dressiert sind, sexuelle Aggressionen zu begehen und die Geschlechtsorgane von Männern und Frauen zu zerstören: ‹Versuche› über die Grenzen der Belastbarkeit mit verschiedenen Foltermethoden (Schläge, Elektroschocks, Aufhängen usw.); Experimente, um die Häftlinge geistig zu zerbrechen; lange Perioden von Isolierung und andere unmenschliche Bedingungen. Zu vermerken ist noch, daß in diesem Lager die Gefangenen angeblich nichts von ihren Wärtern hören außer den Befehlen zur Folter. In der Colonia Dignidad scheint es ein besonderes Folterzentrum in einem unterirdischen Ort mit spezieller Ausrüstung zu geben, wo es kleine, hermetisch geschlossene Gefangenen-Zellen gibt. Den Häftlingen werden Leder-Kapuzen über den Kopf gezogen und mit chemischen Klebemitteln an das Gesicht geklebt. Angeblich werden in diesen Zellen Verhöre über eine Sprechanlage durchgeführt, während die Gefangenen nackt an Metallroste gefesselt sind und Elektroschocks empfangen.»

Die «Colonia Dignidad» ein Folterzentrum? Das jedenfalls bejaht die oben zitierte Menschenrechtskommission der Vereinten Nationen, die in ihrem Menschenrechtsreport vom Oktober 1976 auf die «Colonia Dignidad» als geheimes Folterlager der chilenischen Diktatur hinwies. Schon vor Veröffentlichung des UNO-Berichts galt die «Colonia Dignidad» als Treffpunkt für rechtsradikale Politiker. Unter chilenischen Oppositionellen wurden die Namen der Haftzentren des chilenischen Geheimdienstes ausgetauscht, man wußte, wo Leidensgenossen gefangengehalten und gefoltert wurden – immer gehörte auch die «Colonia Dignidad» dazu.

Daß die Kolonisten mit den politischen Ansichten des Diktators

Pinochet konform gingen, war bekannt. Unter der Regierung Allende hatte sich die «Colonia Dignidad» bedroht gefühlt. Für die Kolonie-Führung war Allende der kommunistische Teufel, ein «Schwein». Zudem befürchteten sie, im Zuge von Allendes Landreform, enteignet zu werden. Die «Colonia Dignidad» bezog offen politisch Position und unterstützte, wie Hugo Baar berichtet, ultrarechte Politiker. So half man beipielsweise dem Jorge Alexandri bei der Vorbereitung seines Wahlkampfes. Und als der rechtsradikale Vorsitzende der Partei «Patria y Libertad» («Vaterland und Freiheit») angeblich 1972 bei einem Flugzeugabsturz ums Leben gekommen sein soll (sein Flugzeug soll ins Meer gestürzt sein, die Leiche wurde nicht gefunden, ein Ölfleck war der einzige Hinweis auf das «Unglück»), da saß der quicklebendig in der «Colonia Dignidad». Von dort floh er über die Kordilleren nach Argentinien. Wie gut, daß sich das deutsche Mustergut bis zur chilenisch-argentinischen Grenze erstreckt.

Diese Treffen mit Rechtsradikalen nennt Lotti Packmor «das Treffen der kleinen Landwirte». Schon vor dem Putsch seien nachts oft verdunkelte Fahrzeuge in die «Colonia» gefahren. Nachts, so Lotti Packmor, die am Wachtor 1 Dienst zu tun hatte, wurde von Paul Schäfer Befehl gegeben, das Tor zu öffnen. Dann seien abgedunkelte Fahrzeuge ins Lager gefahren. Nach 1973 habe es regelmäßig unbeobachteten nächtlichen Besuch in der «Colonia Dignidad» gegeben. Und immer wurde auch dafür gesorgt, daß niemand zuviel wußte. Lotti Packmor hatte das Tor zu öffnen und wieder zu schließen. Eine Kontrolle, wie sie sonst durchgeführt werden mußte, fand nicht statt. Die abgedunkelten Fahrzeuge wurden auch nicht über Funk vom Wachposten angekündigt. «Das war alles immer ganz geheimnisvoll.» Im «Gästezimmer am Galpone» hätten die Herren dann lange gesessen, geplant und diskutiert. Die «Nachtköchin» habe die «kleinen Landwirte» mit Essen versorgen müssen. Doch während Paul Schäfer immer größten Wert darauf gelegt habe, daß eine Frau bei Tisch bediene, übernahm er diesen Service bei solchen Treffen selbst. Die Nachtköchin mußte die Tabletts vor die Tür des Gästehauses stellen, und Paul Schäfer übernahm die Bewirtung.

Nach dem Putsch vom September 1973 bekam die «Colonia Dignidad» noch mehr Besuch. «Immer wieder», so erinnert sich Waltraud Baar, die zu der Zeit, getrennt von ihrem in Deutschland lebenden Mann, als Leiterin der Küchen für die Nahrungsmittelversorgung und Bewirtung im Lager zuständig war, «kamen Gruppen von Soldaten ins Lager.» Mal waren es zwanzig, mal sechzig, mal siebzig Soldaten, «ganze Kompanien». Wenn Regierungstruppen in der näheren Umgebung zu Razzien gegen Regimegegner ausschwärmten, dann machten sie in der «Colonia Dignidad» Station.

Für eine Komplizenschaft der «Colonia Dignidad» mit dem chilenischen Geheimdienst gibt es eine Vielzahl von Hinweisen und Zeugen. amnesty international hat nicht nur Menschen gefunden, die sich sicher sind, in der «Colonia Dignidad» gefoltert worden zu sein, sondern auch ehemalige Agenten des chilenischen Geheimdienstes, die bezeugen, im Auftrag des chilenischen Geheimdienstes in der «Colonia Dignidad» gewesen zu sein.

Erik Zott und Dr. Luis Peebles sind gemeinsam zur «Colonia Dignidad» gebracht worden. Luis Peebles: «Ich bin mehrere Male an ganz unterschiedlichen Orten verhört worden, bevor ich in die ‹Colonia Dignidad› kam. Ich bin schon vorher körperlich und geistig unter Druck gesetzt worden, und zwar von der uniformierten Polizei, der Marine, dem Heer, der Zivilpolizei und auch vom Geheimdienst. Aber als wir in der ‹Colonia› angekommen sind – wir wurden vom chilenischen Geheimdienst DINA dorthin gebracht –, war die Atmosphäre und Umgebung eine ganz andere. Vor allem fühlte sich der Geheimdienst dort nicht zu Hause. Das war ein Ort, an dem sie nicht unter sich waren. Die Geheimdienstleute standen ganz offensichtlich unter dem Einfluß einer höheren Autorität. Sie fühlten sich nicht wohl in ihrer Haut, konnten sich nicht frei bewegen und ungezwungen arbeiten. Dem Verhalten der Geheimdienstleute nach zu urteilen, mußte man das Gefühl haben, daß sie einer höheren Autorität unterworfen waren, auf jemand anderes hören mußten. Mich hatte das Aussehen der Räumlichkeiten besonders erstaunt. Es war vor allem diese unglaubliche Ordnung und Sauberkeit.»

Die Einrichtungen der Räume, in denen er gefoltert und gefangengehalten wurde, so Dr. Luis Peebles, der heute in Europa lebt, hätten «europäischen Charakter» gehabt. Toiletten und Waschbecken, so erinnert er sich, hätten eine andere Form gehabt als die in Chile üblichen Armaturen.

Peebles wurde gefoltert, doch Fragen stellten die Folterer ihm nicht. «Ich hatte den Eindruck, daß Versuche mit mir gemacht wurden.» Die Stärke der Elektroschocks habe kontinuierlich zugenommen, eine Dynamik sei erkennbar gewesen. «Ich glaube, die wollten sehen, wie weit sie mit einem Menschen gehen können, wie stark die

Belastbarkeit des Menschen ist.» Peebles ist heute Arzt und beschäftigt sich nach seinen Erlebnissen in chilenischen Foltergefängnissen auch beruflich mit dem Thema Folter.

Auch Erik Zott vermutet, daß er in der «Colonia Dignidad» Experimenten ausgesetzt wurde, denn irgendwelche Namen und Geheimnisse hätten aus ihm mit der Folter gar nicht mehr herausgepreßt werden können. Er war zuvor schon in der «Villa Grimaldi» in Santiago verhört und gefoltert worden. Die Folter in der «Colonia Dignidad» war von besonderer Grausamkeit. Erik Zott: «Dann wurde ich auf einen sogenannten ‹Grill› gelegt, das ist ein Metallbett, an den Händen und Füßen gefesselt. Verschiedene Elektroden wurden am ganzen Körper angebracht, an den Genitalien, am Mund, den Hoden, am Kopf... Und es hat angefangen. Es war nicht wie an den anderen Orten. Zu Beginn haben die noch nicht einmal Fragen gestellt, sondern einfach nur Elektroschocks verabreicht, immer intensiver und intensiver, bis es nicht mehr auszuhalten war.»

Mitarbeitern der *Latein-Amerikanachrichten* in Berlin, der Journalistin Gaby Weber, ihrem amerikanischen Kollegen John Dinges und den Autoren Taylor Branch und Eugene Propper ist es gelungen, Stück für Stück Einzelaussagen von Zeugen zu einem erschreckenden Gesamtbild zusammenzufügen.

Juan René Munoz Alarcón erschien im Juni 1977 im Solidaritäts-Vikariat der katholischen Kirche in Santiago. «Ich bin der Kapuzenmann aus dem Estadio Nacional», gab er dort zu. Der Rechtsanwalt des Solidaritäts-Vikariats stellte ein Tondbandgerät an:

«Ich heiße Juan René Munoz Alarcón, Ausweis-Nummer 4.824.557-9 Santiago. Ich bin 32 Jahre alt, verheiratet (...) ich war ein führendes Mitglied der Sozialistischen Partei Chiles, Mitglied des Zentralkomitees ihrer Jugendorganisation und Leiter der CUT auf nationaler Ebene, und ich gehörte der Konföderation der Kupferarbeiter an. Im Jahr 1973 legte ich meine Mitgliedschaft in der Sozialistischen Partei nieder. Ich verließ die Partei, weil ich mit einigen Sachen nicht einverstanden war. Ich erklärte dies öffentlich in den Zeitungen, im Fernsehen und im Radio. Dies alles war vier bis fünf Monate vor dem Putsch, was bedeutete, daß mich Leute aus der Partei verfolgten. Dies drang bis in mein Privatleben ein: Meine Familie verließ mich. Ich war zu der Zeit verheiratet und hatte sechs Kinder. Leute der Rechten nahmen mich auf, genauer gesagt, Carlos Aston, der heute in Südafrika chilenischer Generalkonsul ist. Sie versteckten mich, sie ernährten mich, da ich völlig am Boden lag; das einzige, was mir fehlte, war, mir eine Kugel durch den Kopf zu jagen. Dann kam der Militärputsch. Man holte mich ins Nationalstadion, um Leute zu identifizieren. Ich tat das freiwillig, da ich starke Rachegefühle denjenigen gegenüber hatte, die früher meine Genossen gewesen waren und mich dann verfolgt hatten. Ich bin der Kapuzenmann aus dem Nationalstadion. Die Sicherheitsdienste setzten mir eine Kapuze auf, und sie reichten mich durch die einzelnen Abteilungen, in denen es Gefangene gab. Ich erkannte eine ganze Menge Leute. Viele von ihnen starben, und ich bin der Verantwortliche an ihrem Tod, da ich sie denunzierte und beschuldigte, meine früheren Genossen zu sein, als Mitglieder des Zentralkomitees oder als Mitglieder des Sicherheitsapparates der Partei.

Danach wurde ich gebeten, mit einigen Gruppen des Militärs auf die Straßen zu gehen und Leute auf den Plätzen zu identifizieren. Unglücklicherweise war da auch der Fall des Miguel Plaza. Er kann es mir verdanken, daß er heute noch am Leben ist. Ich wollte ihn nicht wiedererkennen. Aber unglücklicherweise existierte ein Foto von uns beiden, und wegen dieser einzigen Lüge wurde ich für drei Monate inhaftiert. Ich erfuhr dieselbe Behandlung wie alle anderen Gefangenen. (...) Danach ließen sie mich unter der Bedingung frei, daß ich mit ihnen kollaborieren würde; sie schickten mich zur ‹Colonia Dignidad›, etwa 40 Kilometer landeinwärts von Parral. Dort war ein Ausbildungszentrum des nationalen Geheimdienstes, geleitet von Deutschen, die heute auch die chilenische Staatsbürgerschaft besitzen. Es sind alte Deutsche, die nach dem Krieg herkamen. Dort gibt es ein Krankenhaus, das all die fortschrittlichen Einrichtungen besitzt wie die Krankenhäuser in Santiago. Es gibt dort Ambulanzflugzeuge und Postflugzeuge und unterirdische Gefängnisse. Dort brachte man mir bei, wie man Leute verhört, und es wurden Schulungen durchgeführt, die uns in den Arbeitsweisen der Geheimdienste unterrichteten. Man erklärte mir, daß ich mich wieder in meine frühere Partei, die sich jetzt im Untergrund befand, einschleichen sollte.

Unglücklicherweise, oder glücklicherweise, war dies nicht möglich, da ich bei allen viel zu bekannt war. Alle Welt wußte, daß ich ausgetreten war, und deshalb ging es nicht. Daraufhin schulte man mich, Leute zu verfolgen, zu verhören, zu foltern und zu ermorden. (...)

Ich war daran beteiligt, einige Leute ‹verschwinden zu lassen›, die sich in der ‹Colonia Dignidad› befinden. In diesem Moment befinden sich 112 (solcher) Personen in der ‹Colonia Dignidad›. Einige frühere Führer der ‹Unidad Popular› (der ‹Volksfront›, die Allende unterstützte; G.G.). In Santiago, in Penalolén und in Colina befindet sich der Rest. Es sind etwa 145. Alle anderen verschwundenen Gefangenen sind tot. Sie wurden niedergemacht in Peldehue durch den Hinrichtungsapparat der DINA, der von Fernando Cruzar kommandiert wird...»

Am 25. Oktober 1977 wurde Juan René Munoz Alarcón mit fünfzehn Stichwunden und einem Einschußloch in der Stirn tot auf einem unbebauten Grundstück in Santiago gefunden. Die Aussage vor der katholischen Kirche hat ihn das Leben gekostet. Den Mord an Munoz untersuchte der Richter Osvaldo Faundes. Am 12. Dezember 1977 befragte er die Ehefrau des «Kapuzenmannes», Olivia Charlotta des Carmen Guajardo Barahona. Ja, Juan René Munoz Alarcón sei ihr Ehemann. Sie habe sechs Kinder von ihm:

«Am 31. August 1971 verließ mich Juan, um mit Dominga Salinas in der Straße Sargento Menadier Nr. 311 in Puento Alto zu wohnen. Zu jener Zeit arbeitete er in der Stadtverwaltung jenes Ortes. (...) Im Monat Oktober des Jahres 1973 kam Juan gemeinsam mit einem deutschen Mann und einer Frau namens Ingrid in mein Haus. Er fragte mich, ob ich zusammen mit ihm in die ‹Colonia Dignidad› in der Nähe der Stadt Parral gehen wollte. Ich antwortete ihm, daß ich es mir überlegen wolle. Nach fünf Tagen kehrte er mit denselben Personen zurück, die das erste Mal mit ihm gekommen waren, und er nahm in einem Auto meine fünf Kinder mit. Drei Tage danach kam ein Lieferauto zu meinem Haus und brachte mich nach Parral zusammen mit meinem jüngsten Kind.

Nachdem ich mich in der schon vorher benannten ‹Colonia› niedergelassen hatte, fragte ich meinen Mann, wer das Fräulein Ingrid und der deutsche Herr waren. Er unterließ eine Antwort; dafür machte er mir klar, daß es für mich und mein Kind doch sehr angenehm sei, sich dort aufzuhalten, denn es würde uns an nichts fehlen. Juan selbst sah ich nur tagsüber, denn in der Nacht kam der deutsche Herr – sein Name ist Albert –, um ihn abzuholen; und er kehrte erst im Morgengrauen zurück.

Da ich in dieser ‹Colonia Dignidad› keinerlei Aktivitäten ausüben konnte, fing ich an, mich unwohl zu fühlen. Und da die nächtlichen Ausgänge meines Mannes mir sehr verdächtig vorkamen, bat ich ihn, zurückkehren zu dürfen, was man mir auch wenige Tage später erlaubte. So brachten Juan und der Herr Albert mich und meine Kinder nach Hause. Was meinen Mann angeht, so blieb er auch in Puente Alto, jedoch im Haus seiner Gefährtin Dominga.»

Auch die Geliebte wurde vor den Untersuchungsrichter zitiert. Sie wußte, daß Munoz für den Geheimdienst arbeitete, denn er hatte ihr einmal stolz seinen Dienstausweis gezeigt und die Erlaubnis, sich auch während der Ausgangssperren im ganzen Land frei zu bewegen.

«Ich erinnere mich nicht an das genaue Datum, aber von einem Sohn Juans erfuhr ich, daß dieser und seine Frau sich zwei Wochen lang in der ‹Colonia Dignidad› bei Parral aufgehalten haben. Bei dieser Gelegenheit erfuhr ich auch, daß er sechs Kinder hat.»

«Ich war Mitglied der DINA», bezeugte am 30. Oktober 1979 Samuel Fuenzalida vor dem Landgericht Bonn. Und: «Ich war in der ‹Colonia Dignidad›.» Samuel Fuenzalida lebt heute in der Bundesrepublik. «Mein erster Besuch in der ‹Colonia Dignidad› fand statt, als ich noch in Santiago in der Villa Grimaldi tätig war, das war im Winter 1974.» Die «Villa Grimaldi» war das Folterlager des Geheimdienstes in der Hauptstadt Santiago. Fuenzalida war beauftragt worden, einen Gefangenen zur «Colonia» zu bringen. Ins Auftragsbuch mußte Fuenzalida «Mission zu den Deutschen» eintragen. «Die Deutschen» waren im Geheimdienst bekannt. Der Gefangene, der zur «Dignidad» gebracht wurde, war «Loro Matias», mit bürgerlichem Namen Alvaro Modesto Vallejas Villagran, der Sohn eines Heeresoffiziers. «Loro Matias» war Chef der politischen Kommission des MIR. Er sollte umgebracht werden. Das schloß Fuenzalida aus dem Vermerk «Puerto Montt» in der Karteikarte des Opfers, was bedeutete, daß er «auf dem Landweg» beseitigt werden sollte, das Stichwort «Moneda» bedeutete, daß ein Gefangener aus einem Flugzeug ins Meer geworfen werden sollte. «Loro Matias» ist bis heute verschwunden.

Fuenzalida und ein anderer Offizier fuhren an Linares vorbei und stoppten den Wagen hinter dem Städtchen Parral an einer Kreuzung, um auf einen Untergebenen des Offiziers zu warten. Auf einem Straßenschild stand «Termas de Catillo». Der Geheimdienstmitarbeiter kam und teilte Fuenzalida und seinem Offizier die Parole mit, ohne die man nach Mitternacht nicht fahren durfte. Der Gefangene, man hatte ihm die Augen zugeklebt, wurde in den Chevrolet des Untergebenen umgeladen. In zwei Autos fuhren sie in Richtung Termas de Catillo, bis zu einer Abbiegung, an der es nach rechts zur «Colonia Dignidad» ging. Sie fuhren über zwei Holzbrücken, bevor sie am

Haupttor der «Colonia» ankamen. Ein hellblauer Mercedes Benz parkte vor dem Tor. In dem Wagen saßen «Deutsche», da ist sich Samuel Fuenzalida sicher, denn sein Offizier sprach deutsch mit den Insassen. Eine Person wurde immer als «Professor» angeredet. Als Fuenzalida vor Gericht ein Foto von Paul Schäfer vorgelegt wurde, erkannte er den «Professor» wieder. Der Gefangene mußte in den Mercedes steigen. Fuenzalida mußte in einem Haus warten und wurde bewirtet. Nach wenigen Minuten kam der «Professor» in den Raum. «Fertig», sagte er und machte mit einer kurzen Handbewegung deutlich, was er meinte. Samuel Fuenzalida: «Bei dem folgenden Gespräch, beim Essen, erwähnte der Professor den Chef der DINA, Oberst Manuel Contreras, wie einen alten Bekannten. In gleicher Weise sprach er auch vom chilenischen Staatspräsidenten Pinochet. Als ich nach dieser Reise von der ‹Colonia Dignidad› nach Santiago zurückkehrte, stellte ich fest, daß die Karteiunterlagen über ‹Loro Matias› bereits aus der Kartei entfernt worden waren.»

Fuenzalida mußte noch ein zweitesmal «ein Paket», einen Gefangenen, abholen. Diesmal übernachtete er in der «Colonia Dignidad». Wieder wurde er vom «Professor» begrüßt. Er übernachtete in einem Haus der Kolonie, in dessen Flur eine Chile-Landkarte auf Glas gemalt war. Vor Gericht in Bonn erkannte Samuel Fuenzalida einen anderen Zeugen wieder, «Gringo». Erik Zott ist «Gringo». Samuel Fuenzalida hatte ihn in der «Villa Grimaldi» kurze Zeit bewacht. Auch Erik Zott erkannte seinen Wächter wieder.

Von seinem Gefängnis aus konnte ein anderes Folteropfer, Ivan Treskov, hören, wie im Nebenraum auf deutsch in ein Funkgerät gesprochen wurde. Zu spät merkten die Funker, daß der deutschstämmige Ivan Treskov ihre Sprache verstand. Sie schlichen nachts in seine Zelle, weckten ihn und sprachen ihn auf deutsch an, um zu überprüfen, ob er vielleicht die Funksprüche im Nebenraum verstanden hatte.

Die Oppositionelle Adriana Bórquez, die heute in Mozambique lebt, machte in ihrem Gefängnis eine andere Beobachtung. Ein Wächter reichte ihr aus Mitleid seinen Teller mit Nachtisch. Auf der Rückseite des Tellers konnte sie das Wort «Baviera» entziffern. Zudem hatte man ihr einen Teelöffel gegeben, in den der Schriftzug «Weihnachten 1958» eingraviert war. Adriana Bórquez mußte vor der Ankunft am Folterort in einen anderen Wagen umsteigen. Das Auto mußte sie durch die Heckklappe besteigen. Die Innenausstattung des

Fahrzeuges war weiß, ähnlich der Innenausstattung eines Krankenwagens.

Adriana Bórquez, Manuel Bravo, Gerado Sanchez, Erik Zott und Dr. Luis Peebles sind sich alle sicher, in der «Colonia Dignidad» gefoltert worden zu sein. Alle Gefangenen waren gefesselt und mit verbundenen Augen zu ihrem Folterort gebracht worden. Doch aus der Erinnerung konnten alle immer wieder einen Weg beschreiben, eine unbefestigte Straße, eine Rechtsbiegung, zwei Holzbrücken, die überquert werden mußten, und schließlich zwei charakteristische Steigungen. Eduardo Garcés, dem als einzigen Zeugen nicht die Augen verbunden wurden, erinnert sich, auf einer Trage in ein Krankenzimmer gebracht worden zu sein, in dem es penetrant nach Desinfektionsmittel roch. Seine Folterer trugen weiße Kittel, Mundschutz und OP-Haube. Auch Funksprüche wollen alle gehört haben, Gesprächsfetzen in deutscher Sprache. Erik Zott erinnert sich, daß seine Folterer sich nur mit Rachenlauten verständigt haben, ganz ähnlich der «Glossolalie» (ekstatisches Zungensprechen), wie sie in der Gründungszeit der «Privaten Socialen Mission» in Siegburg immer wieder gehört wurde.

Als amnesty international auf der Grundlage des Berichtes der Vereinten Nationen im März 1977 die Broschüre «Colonia Dignidad – deutsches Mustergut in Chile, ein Folterlager der DINA» veröffentlichte und auch der *stern* zur gleichen Zeit über das «Folterlager der Deutschen» berichtete, klagte die «Sociedad Benefactora y Educacional Dignidad» auf Unterlassung der Behauptung, die «Colonia Dignidad» sei ein Folterlager des chilenischen Geheimdienstes. Prozeßbevollmächtigter des Mustergutes: Hugo Baar. Als Zeugen präsentierte das Lager Hans-Jürgen Blank. Da amnesty international und *stern* sich weigerten, eine Unterlassungserklärung zu unterschreiben, wurde beim Landgericht Bonn das Hauptverfahren eröffnet. Bis heute ist die Beweisaufnahme in dem Gerichtsverfahren nicht abgeschlossen, denn das Bonner Gericht will vor Ort überprüfen, ob die Zeugen tatsächlich in der «Colonia Dignidad» gefoltert worden sind. Daß die Zeugen gefoltert wurden, bestreitet niemand. Seit nunmehr elf Jahren zieht sich das Verfahren hin.

Die Akten gehen einen komplizierten Weg: das Bonner Landgericht schickt die Papiere zum Düsseldorfer Justizministerium, das Düsseldorfer Justizministerium reicht den Vorgang weiter ans Bonner Justizministerium, das ihn zuständigkeitshalber gleich ans Auswärte Amt weitergibt. Von dort werden die Akten zur deutschen Botschaft in Santiago geschickt, die sie dem chilenischen Außenministerium übermittelt. Das chilenische Außenministerium leitet die Unterlagen an das chilenische Justizministerium weiter. Schließlich landen die Papiere auf dem Tisch eines Richters in Santiago. Wenn dann, wie es vorgekommen ist, von den chilenischen Behörden die spanische Übersetzung der Zeugenaussagen nicht anerkannt wird, gehen die Papiere erneut auf die Reise. Trotzdem: Das Gericht in Santiago hat einem Ortstermin in der Kolonie grundsätzlich zugestimmt. Das chilenische Justizministerium schrieb allerdings am 3. April 1981 unter dem Aktenzeichen 703 an den Minister für Auswärtige Beziehungen, daß «weder die offizielle, noch die private Teilnahme der Richter» an einem solchen Termin erlaubt sei. Aus Deutschland steuerte die «Colonia Dignidad» ein eigenes Gutachten des Würzburger Völkerrechtlers Professor Dieter Blumenwitz bei. Er kommt zu dem Ergebnis, daß ein deutsches Gericht in Chile nichts zu suchen hat.

Gegen den Bericht der Vereinten Nationen ist die «Colonia Dignidad» nie vorgegangen. Als eine Arbeitsgruppe der Menschenrechtskommission der Vereinten Nationen später versuchte, die «Colonia Dignidad» zu betreten, blieb das Tor zu. Einem Vertreter des Roten Kreuzes gelang es aber am 7. Juli 1978, die «Colonia» zu besuchen. Der Journalist John Dinges: «Am 7. Juli wurde ein Vertreter des Roten Kreuzes, der deutschsprachige Schweizer Bürger Rolf Jenny, von Marine-Offizieren aus Concepción hingebracht. Zwei oder drei Stunden lang zeigten sie ihm die Örtlichkeiten, mit denen sie wohlvertraut schienen. Jenny sah in einem der Gebäude, die er besuchte, mehrere leere Kellerräume. Außer mit den Offizieren durfte er sich mit niemandem unterhalten, auch durfte er das Gelände in den Hügeln nicht besichtigen. Nachdem Jenny seinen Bericht abgeliefert hatte, glaubten manche Mitarbeiter der Menschenrechtskommission, nach dem Besuch des Roten Kreuzes sei ‹Dignidad› nicht mehr als Gefängnis benutzt worden. Zweifel daran kamen jedoch wieder auf, als die chilenische Regierung dem Roten Kreuz weitere Besuche verweigerte.»

Noch heute ist es amnesty international und dem *stern* verboten zu behaupten, die «Colonia Dignidad» sei ein Folterlager gewesen. Eine Ortsbesichtigung im Lager dürfte, nach nunmehr elf Jahren, kaum etwas zutage fördern. Die Kolonie ist ein Bauunternehmen und professionell genug, ein Haus, wenn es sein muß, von einer Straßenseite auf die andere zu versetzen. Hugo Baar berichtete nach seiner Flucht, daß in der «Colonia Dignidad» in einem Keller eine Treppe umgebaut wurde, nachdem Zeugen vor dem Landgericht in Bonn genau diese Treppe beschrieben hatten.

Nach dem Tod des Psychiaters Dr. Mario Mujica kaufte die «Colonia Dignidad» dessen Haus in Parral und stellte es der DINA zur Verfügung. «Colonia»-Arbeiter renovierten das Haus vom Keller bis zum Dach. Im Innenhof, so erinnert sich Lotti Packmor, seien zwei fensterlose Räume gewesen, vor denen Agenten zeitweise Wache gehalten hätten. Lotti Packmor war von Paul Schäfer als Köchin in das Haus geschickt worden. «Du siehst nichts, du hörst nichts, tu deine Arbeit. Die kümmern sich um die Schweine», habe Schäfer damals gesagt. In dem Haus hätten zwei weibliche und sechs männliche Agenten gewohnt. In der ersten Etage hatte der Leiter der DINA-Truppe von Parral, «Fernando Gomez», mit Frau und zwei Kindern gewohnt. Paul Schäfer habe viel von «Fernando Gomez» gehalten.

Vor Lotti Packmor war Eva Schaak für das Haus als Köchin eingeteilt, doch sie wurde, wie die Geflüchteten berichten, «wegen Untauglichkeit» abgelöst. Eva Schaak konnte Spanisch und somit auch die Agenten verstehen. Lotti Packmor erinnert sich an Details, den Swimmingpool im Garten, die drei Funkgeräte und den Wandschrank, in dem die weiblichen Geheimdienstmitarbeiter ihre Uniformen untergebracht hatten.

In den Jahren 1973 und 1974, so bestätigen die Geflüchteten – die übrigens von offiziellen Stellen nie danach gefragt wurden und sich der Staatsanwaltschaft selbst andienen mußten –, seien DINA-Agenten häufiger zu Gast in der «Colonia Dignidad» gewesen. «Richtung Kartoffelkeller» seien die Leute dann gegangen, erinnert sich Lotti Packmor an die Zeit, als sie als «Nachtköchin» Bereitschaftsdienst hatte. «Hügel» (Karl van den Berg), «Spatz» Gerhard Mücke und Rudi Cöllen hätten die Agenten in den Keller begleitet. «Fünf bis sechs Besuchsessen» seien dann von ihr angefordert worden, dann vier «Essen für Nachtarbeiter» und «das Essen für die Schweine». In der «Colonia» wird fein unterschieden, wer was zu essen bekommt. Für Gäste (und die DINA-Agenten wurden als solche behandelt) nur das Beste, für deren Begleiter aus der «Colonia» das «Essen für die Nachtarbeiter», das besser war als die normalen Mahlzeiten der Fundo-Bewohner. Das «Essen für die Schweine» (die «Schweine» allerdings hat Lotti Packmor nie zu Gesicht bekommen) mußte eine besondere Zusammensetzung haben und sich vom Eintopf in dem Krankenhaus im Geschmack unterscheiden. Ein «Mischmasch» aus Suppe und Eintopf, dazu trockenes Brot mußte für «die Schweine» vorbereitet werden. «Schlurre», also Obstsaft, für den die Colonia bekannt war, bekamen die «Schweine» ausdrücklich nicht. Porzellangeschirr und Besteck, darauf wurde sie ausdrücklich hingewiesen, durfte keine Gravur haben. Erik Zott: «Ich bekam das Essen in einer Blechdose, ähnlich einer Konservendose. Es war flüssig, irgendwie eine Suppe mit Gemüse drin. Zu trinken gab es immer nur Tee.»

Im «Kartoffelkeller», weiß Lotti Packmor, waren Duschen und Toiletten installiert. Zeitweise schliefen Horst Wöhri und Dieter Malessa im Keller. Manfred Schmittke («Pingo»), Reinhard Döring («Hering»), «Mauk» und «Hügel» hätten zudem «in der neuen Halle» an der Ausbildung von DINA-Agenten teilgenommen. Ausbildungsleiter sei Gomez gewesen. Was den zeitweise bis zu einhundert Personen da an Abhör- und Verhörmethoden beigebracht wurde, sei für Gerhard Mücke nichts Neues gewesen. «Das machen wir schon lange.»

Daß Geheimdienst und «Colonia Dignidad», zumindest zu Beginn der siebziger Jahre, enge Kontakte hielten, darf mit Fug und Recht behauptet werden. «Mamo», so der Spitzname für den ehemaligen Geheimdienstchef Manuel Contreras, hielt sich regelmäßig in der «Colonia Dignidad» auf. Das Lagerorchester spielte dann seine Lieblingsmusik auf, den «Aida-Einzugsmarsch». Wenn Contreras und seine Familie ihr Wochenende in der «Colonia Dignidad» verbrachten, führte das in der Küche immer zu großen Komplikationen, denn Contreras verlangte nach salzlosem Essen, seine Gattin mochte kein Fett, und auch für die Kinder mußte extra gekocht werden. Contreras' Frau Maruja durfte in der «Colonia Dignidad» sogar mit großem Pomp eine Brücke einweihen, die «Puente Maruja».

Als Manuel Contreras wegen des Mordes an Orlando Letelier seines Amtes enthoben und unter Hausarrest gestellt wurde, erhielt er regelmäßig Besuch von Hartmut Hopp. Und auch im Dezember letzten Jahres wurde Contreras wieder gesehen, als er mit einem blauen Mercedes der S-Klasse durch das Tor der «Colonia»-Villa in Santiago fuhr. Hopp ist es auch, der engen privaten Kontakt zu «Doña Lucia», der Ehefrau von Pinochet, unterhält. «Doña Lucia» hat auch die «Colonia»-eigene Schule eröffnet. Und Pinochet selbst war 1987 noch zweimal Gast in der «Colonia», wie im *Mercurio* vom 6. Dezember 1987 zu lesen ist, einmal im «Casino Familiar» in Bulnes und einmal im Lager. Daß die Freundschaft eng ist, läßt sich an einem frühen Geschenk ablesen. «Nicht richtig geschenkt, nicht richtig geliehen, mehr so organisiert» (Hartmut Hopp) hatte die «Colonia Dignidad» dem Diktator nämlich einen Mercedes 600. Waltraud Baar, Georg und Lotti Packmor und Heinz Kuhn erinnern sich an einen «Staatsbesuch» Pinochets in der «Colonia». Der Diktator kam mit dem Hubschrauber.

Paul Schäfer selbst bezeichnet sich nach Angaben der Geflüchteten als Freund von Carabinero-General Mendoza, dem Vorgänger des heutigen Junta-Mitglieds Stange. Mendoza habe auch dafür gesorgt, daß der «Colonia» eine eigene Funkfrequenz zur Polizei eingerichtet wurde (die noch heute besteht).

Hugo Baar schließlich erinnert sich an Treffen im Stadthaus der «Colonia» in Santiago. Höchste Regierungsmitglieder, so die Generäle Stange und Matthei, seien dort bewirtet worden. Von dem festlichen Ereignis wurden Fotos gemacht. Die Gäste erhielten später als Geschenk von der «Colonia» ein Fotoalbum. Heute dürften sie sich fragen, wer die Negative der Fotos hat.

Im Mercedes der «Colonia Dignidad» chauffierte Hugo Baar auch Monica Mariagarda, lange Jahre chilenische Justizministerin. Die Frau, die auch für das gegen die «Colonia» anhängige Gerichtsverfahren zuständig war, wurde in der «Colonia Dignidad» eingeladen und festlich bewirtet. Und heute läßt sich das Lager juristisch von einem ehemaligen Mitglied der Regierung Pinochet vertreten, von Ex-Außenminister Jaime de Valle.

Der chilenische Verteidigungsminister Patricio Charvajal war jüngst zu Gast in der «Colonia Dignidad» und wurde – ein Fotograf war dabei – von «Colonia»-Präsident Schmidt empfangen. General Roberto Stange hingegen hat kürzlich in einem Radio-Interview klargestellt, daß er keinen «Herrn Paul Schäfer» kenne und «auch nicht mit einem Paul Schäfer befreundet» sei. Vielleicht mit «Dr. Schneider»?

Der chilenische Bischof Carlos Camus ist überzeugt, daß in der «Colonia Dignidad» Gefangene des chilenischen Geheimdienstes «verschwunden» sind, und hat den Mut, das auch öffentlich zu sagen. Diejenigen, die die Verschwundenen suchten, kämen auf unaufgeklärte Weise um. Der Bischof der Diözese Linares hat die Macht der «Colonia Dignidad» immer wieder zu spüren bekommen.

Die Vorbesitzer des Fundo «El Lavadero», das heute «Colonia Dignidad» heißt, hatten einem Nonnenorden eine kleine Kirche und ein dazugehöriges Kloster übertragen (allerdings ohne dies ins Grundbuch eintragen zu lassen). «Für immer», so der Wunsch der Schenker, sollte der Nonnenorden «Hermanitas de la Paz» (Kleine Friedensschwestern), der von Schwester Therese geleitet wurde, einer Schwester des Bischofs, hier bleiben können. Als die «Colonia Dignidad» das Grundstück übernahm, erklärte sie, die Kirche sei Privatbesitz der «Colonia Dignidad», die Nonnen hätten zu verschwinden. Vor Gericht forderte die «Colonia» die Herausgabe der zehn Hektar Land, wartete aber das Urteil gar nicht erst ab. Als die Nonnen – ihr Kloster war schon eingezäunt vom Stacheldraht der Kolonie – sich weigerten, griffen die neuen Besitzer zu drastischen Mitteln.

«Mit Teleobjektiven und Videokamera», so berichtet es heute Hugo Baar, wurde den Nonnen aufgelauert. Gingen sie mit dem Nachttopf in die Büsche, wurde auf einem Denunziationsfilm der «Colonia» eine Szene drangeschnitten, in der ein junger Mann ebenfalls in den Büschen verschwand. Nonnen wurden beim Umkleiden gefilmt und bespitzelt, wie sie armen Bauern kleine Geschenke gaben, woraus später der Vorwurf der «Bestechung» abgeleitet wurde. Und eine Gruppe von Studenten, die bei den Nonnen übernachtete, wurde im «Colonia»-Video zu «Terroristen». Das Video mit den heimlich angefertigten Aufnahmen wurde bei Behörden und Ämtern vorgezeigt, Honoratioren des Städtchens Parral und Militärs vorgeführt, schließlich sogar zum Vatikan geschickt. Einer Gebetswoche der Schwestern schickte die «Colonia» den Geheimdienst auf den Hals, weil die Schwestern und die Gläubigen dabei angeblich einen politischen Umsturz planten. Dann ging der Wohntrakt des Nonnenklosters in Flammen auf. Aus Rom kam das Signal, die Kirche zu verlassen, und Handwerker der «Colonia» machten sich – «Instandbesetzung» auf chilenisch – daran, Kapelle und Nebengebäude zu renovieren. Heute steht eine schmucke kleine Kirche hinter Stacheldraht, in der noch nie ein Gebet gesprochen wurde, die aber – in milden Farben angestrahlt – der Kolonie als Motiv für Weihnachtskarten dient. Weshalb die «Colonia Dignidad» die Kirche unbedingt in ihren Besitz bringen mußte, ist unschwer zu erkennen, wenn man das Gelände sieht. Die Kirche ist der einzige erhabene Punkt in der Umgebung des Lagers, von dem aus man mit einem Fernglas bis zum Wachposten 1 blicken könnte.

Die «Colonia Dignidad» wird immer wieder mit mysteriösen Ereignissen in Verbindung gebracht. Am 14. April 1986 wurde der Landarbeiter Raul Berrios Herrera an der Bushaltestelle von San Miguel in Santiago aus einem fahrenden Auto heraus erschossen. Der Ermittlungsrichter stellte als Kaliber der Tatwaffe 7,65 mm fest. Weil das Opfer als Landarbeiter für die «Colonia Dignidad» gearbeitet haben soll, ordnete der Richter die Überprüfung aller registrierten Waffen dieses Kalibers an. Bei der «Colonia Dignidad» waren einundzwanzig Waffen dieses Kalibers registriert. Zur ballistischen Untersuchung kam es allerdings nicht. Als der Richter die Deutschen aufforderte, die Waffen zur Untersuchung nach Santiago zu bringen, schaltete sich Jaime de Valle, Ex-Außenminister und Rechtsanwalt der Kolonie, ein. Das Ansinnen des Richters sei unzumutbar. Erstens sei die Reise von einundzwanzig Mitgliedern der «Gesellschaft» nach Santiago wirtschaftlich für die «Colonia Dignidad» nicht zu verkraften, weil zu große Verluste entstünden, und zweitens sei der Transport der Waffen vom Süden bis zur Hauptstadt zu gefährlich und ein Verstoß gegen das Waffenkontrollgesetz. Der Ermittlungsrichter hatte ein Einsehen. Das Verfahren wurde eingestellt.

Am 29. Juli 1975 wurde Miguel Becerra tot auf der Ladefläche eines Lastwagens aufgefunden. Man hatte ihn mit Insektenpulver vergiftet. Miguel Becerra hat nach dem Putsch, wie er seinem Bruder Aristides Becerra, einem Polizisten, erzählte, als Mitglied der Nationalen Partei für «die Deutschen» in der «Colonia Dignidad» Spezialaufträge ausgeführt. Die chilenische Wochenschrift *Cauce* zitierte 1984 den Bruder Becerras: «Sie haben ihn vergiftet, weil er zuviel wußte.» Miguel Beccera wollte nicht mehr für die Deutschen arbeiten. Doch sein Sohn war noch als Internatsschüler in der «Colonia Dignidad». Dort lebt er auch heute noch, obwohl die Ehefrau des toten Agenten vor Gericht auf Herausgabe des damals fünfzehnjährigen Jungen klagte. Die Angehörigen verloren den Prozeß. Aus den Gerichtsakten waren Urkunden spurlos verschwunden, und ein Rechtsanwalt war auch nicht zu finden, der die Frau und den Bruder von Miguel Becerra vor Gericht vertreten wollte. Präsidenten-Gattin Doña Lucia Pinochet schließlich, an die die Angehörigen in ihrer Verzweiflung auch noch geschrieben haben, antwortete, daß der Junge bei den Deutschen besser aufgehoben sei als bei seiner Mutter.

Noch mysteriöser ist der Fall des Amerikaners Boris Weisfeilder. Der Exilrusse jüdischer Herkunft mit amerikanischer Staatsbürgerschaft war am 24. Dezember 1984 vom Kennedy-Airport New York mit Flug LAN 141 nach Santiago geflogen, legte das Touristenvisum Nummer 2-4003331 vor und reiste sofort mit dem Zug nach Los Angeles, knapp einhundert Kilometer südlich der «Colonia Dignidad», weiter. Er übernachtete in dem Hotel «Mariscal Alcázar» und reiste am nächsten Tag wieder nach Norden. Seitdem ist der Mathematik-Professor vermißt. Am Fluß Ñuble, in unmittelbarer Nähe der «Colonia Dignidad», fand man Rucksack, Kleidungsstücke und die VISA-Kreditkarte des Amerikaners. Ein Landarbeiter will einen unbekannten Wanderer gesehen haben, wie der an der kleinen Fähre, die zur «Colonia Dignidad» führt, von Bewohnern der «Colonia Dignidad» abgewiesen wurde. Von dem Amerikaner keine Spur. Der Fall wäre wohl nie an die Öffentlichkeit gekommen, wäre nicht Professor Boris Weisfeilder, in seinem Fach ein Genie. Der Experte für Algebra, hochgeachteter Wissenschaftler der Universität Pennsylvania, wurde von der amerikanischen Mathematiker-Vereinigung vermißt, die die chilenische Mathematikvereinigung aufforderte, nach dem Schicksal des Professors zu forschen. Schließlich wurde gar ein Finderlohn ausgesetzt. Die chilenischen Behörden hatten den «Fall Weisfeilder» schon abgeschlossen, da drängte das amerikanische Konsulat darauf, das Ermittlungsverfahren wieder aufzunehmen.

«Im Januar 1985 wurde Boris Weisfeiler uns als vermißt gemeldet. Er ist in der Nähe des Zusammenflusses der Flüsse Los Sauces und Ñubles in Südchile verschwunden. Bis heute haben wir den Fall noch nicht aufgeklärt. Die Akte bleibt offen.» Mehr sagt der amerikanische Konsul William Barcall nicht, auch wenn er, sein Pressesprecher und dessen Assistentin Sonja Sweek gerne mehr über die «Colonia Dignidad» erfahren wollen. Weshalb wandert ein als introvertiert beschriebener Exil-Russe, der 1974 zu Fuß über Sibirien aus der Sowjetunion geflohen sein soll und auch sonst als erfahrener Wanderer bekannt war, ausgerechnet an Weihnachten alleine um die geheimnisumwitterte «Colonia Dignidad»? Der Konsul bittet um Zurückhaltung. «Vielleicht ist er ja noch am Leben.» Bedeutet das vielleicht, daß man im amerikanischen Konsulat Boris Weisfeiler in der «Colonia Dignidad» vermutet? Achzelzucken.

Am 2. April 1985 um neun Uhr unterhielten sich Gerhard Mücke und Kurt Schnellenkamp über Funk. Sie benutzen dabei Schlüsselwörter, eine Geheimsprache, die sich die «Colonia Dignidad» inzwischen zugelegt hat. «Schweine», das sind die Feinde, «Kommunisten» oder das, was sich die Kolonisten darunter vorstellen. Als «Konradshausen» wird Paul Schäfer bezeichnet, «Werkstatt» ist die Polizei. Offensichtlich haben die Kolonisten eine unbekannte Person gestellt, die sich nach dem Lager erkundigt hat. Die Abschrift des mysteriösen Funkspruchs:

Gerhard Mücke: «Nummer acht, weißte, von der ganzen Gegend. Kommen!»

Kurt Schnellenkamp: «Ja, QSL.»

Gerhard Mücke: «Ja, und dieser Tokaju vom Schweine-Major, und eh zu allmächtig und wer ist es? Total unbekannt in alle Richtungen. Kommen.»

Gerhard Mücke: «Ja, ja, ja, ja, ja, ne, das kann nur (Husten), das haben wir uns fast schon gedacht, daß irgend jemand etwas für sich in Anspruch nimmt. QSL. Adelante.»

Kurt Schnellenkamp: «Ja, er hat gesagt, gleich von sich aus gesagt, da muß man ihn ruhig gewähren lassen, wenn noch mal (unverständlich) ist, ein anderer so ein Treffen vereinbaren, rocha?»

Gerhard Mücke: «Genau das haben wir schon gesagt! Genau das haben wir schon gesagt QSL?»

Kurt Schnellenkamp: «Ja und dann sehen, wer das ist. Und alles zugeben, alles zugeben, alles sagen, alles sagen. Alles klar, wird gemacht. Und dann möchte er, denn da interessiert sich sehr Konradshausen für, dann wollen wir ihn irgendwo in den Kofferraum packen, verstehst du? Kommen.»

Gerhard Mücke: «Genau das, genau das, dann werd ich es auch mal der Werkstatt sagen. QSL.»

Kurt Schnellenkamp: «Ja, rocha. Er sagt, das Ganze ist sowieso (unverständlich) liegt auf dem Friedhof. Kommen.»

Gerhard Mücke: «Ja, ja, ja, ja, das irgendein ganz privates Arschloch, ja.» (unverständlich)

Kurt: «Ja, ja, aber so diesen hat er uns gegeben. Im übrigen ein ganz klares Visir, so im Gesicht, ein älterer Herr, hat viel gehört und hat einige Empfehlungen gegeben so von der Mutter. Kommen.»

Gerhard Mücke: «Ja, sehr gut. Also das ist ja.» (unverständlich)

Kurt Schnellenkamp: «Ja, ja, logisch. Rocha. Und, eh, der Möles hat dann gesagt, er kommt noch mal vorbei, er will ihm dann so ein Bilderbuch (eine Broschüre über die «Colonia», G. G.) geben, der ist der Mann, so wie wir gehört haben, aufrichtig usw. Aber diese Unterhaltung kam nur dadurch zustande, daß wir da über den Chef, der da direkt unter dem Hector (meint «Intendent», also Landrat, G. G.) ist, die Empfehlung gerade bekommen. Adelante.»

Gerhard Mücke: «Ja, sehr gut, sehr gut.»

Kurt Schnellenkamp: «Ja, wir kamen da hin, die Türen gleich auf, wir da rein und wir warten schon, und gleich saßen wir schon in den dikken Sesseln. Kommen.»

Gerhard Mücke: «(Lachen) Und die habt ihr denen ja auch ausgefüllt.»

Kurt Schnellenkamp: «Ja, ich habe die Lehnen ein bißchen an die Seite gequetscht. Na ja, auf jeden Fall haben wir uns ganz nett unterhalten, und er hat auch gleich da seine kleine Werkstatt angerufen, wo das ist, und alles ist auf dem Friedhof, wurde da gesagt. Kommen!»

Gerhard Mücke: «Klaro, da unter die Kartoffeln, da gehört er schon lange hin. Ja. QSL.»

Kurt Schnellenkamp: «Ja, das war's. Hast du sonst noch etwas.»

Unterhalten sich so die guten Geister eines Krankenhauses, einige Monate nach dem mysteriösen Verschwinden eines Amerikaners, den schließlich der amerikanische Geheimdienst und Journalisten suchten? Weshalb die Heimlichtuerei? Von der deutschen Zentrale der «Colonia Dignidad» in Hennef werden auch Funksprüche ausgeschickt. Zu jeder vollen Stunde sendet eine Dame, die sich auch unter der Nummer der Firma «Schaak oHG» am Telefon meldet, einen Funkspruch aus. Verständlich ist das, was da über den Äther geht, nicht. Es ist verschlüsselt. Die Frauenstimme rasselt manchmal zehn Minuten lang eine Zahl nach der anderen herunter, unterbrochen durch eine «Zero». Entziffern lassen sich die verschlüsselten Botschaften nach Chile nicht.

Bei soviel konspirativem Gehabe kommen schnell die wildesten Gerüchte auf, denn eigenartig ist ja tatsächlich fast alles an der «Colonia Dignidad». Als dann die amerikanische Zeitung *Washington Post* berichtete, der Nazi-Arzt Josef Mengele habe sich in der «Colonia Dignidad» aufgehalten – was «Nazi-Jäger» Simon Wiesenthal, auf den sich die Zeitung berief, dementierte –, schien selbst das nicht unwahrscheinlich. Denn wo ist das ideale Versteck für einen gesuchten Kriegsverbrecher? Da gibt es irgendwo in Südamerika, zudem an der Grenze zwischen zwei Staaten, ein Gelände, in das niemand eindringen kann, aus dem auch kaum eine Flucht möglich ist, ein «Staat im Staat», vollkommen autark, erreichbar mit dem Flugzeug, geschützt vom Geheimdienst. Aber: Das ist alles Spekulation.

Die Gerüchte vom Nazi-Versteck wurden auch in den Vereinigten Staaten aufmerksam registriert. Angesprochen auf die «Colonia Dignidad», gibt sich die amerikanische Regierung jedoch verschlossen. Der US-Geheimdienst National Security Agency bestätigte gegenüber amnesty international, daß er über eine Akte «Colonia Dignidad» verfüge, doch herausgeben könne man sie nicht. Die Interessen der nationalen Verteidigung und außenpolitische Gründe, so die National Security Agency am 26.6.1981 in einem Brief an die Menschenrechtsorganisation, machten eine Geheimhaltung dringend erforderlich.

Der US-Journalist John Dinges fand heraus, daß sich der amerikanische Geheimdienst CIA schon früh mit der «Colonia Dignidad» befaßt hat. Eine Kommision des US-Senats sei vom CIA auf die «Colonia Dignidad» aufmerksam gemacht worden, weil der amerikanische Geheimdienst beunruhigt darüber war, «daß die ‹umfangreichen Mittel› und die internationalen Verbindungen der Kolonie es der DINA in größerem Umfang als bisher erlaubten, ihre terroristischen Aktivitäten auf das Ausland auszudehnen», so John Dinges. Der CIA habe sich für die «Colonia Dignidad» auch deshalb interessiert, weil die Kolonie dem chilenischen Geheimdienst als Tarnung gedient habe.

Die «gemeinnützige Institution» der Deutschen ist gut gerüstet. Paul Schäfer und seine Getreuen sind ständig bewaffnet und bekamen für Lang- und Faustfeuerwaffen von der dritten Division der Polizei auch Waffenscheine. In einem Container der «Colonia Dignidad», so berichtet jetzt die Zeitung *Mercurio*, wurden einmal zwischen Altkleidern («Missionsgut, Sortiment») zwei Kisten mit Karabinern gefunden. Ein anderesmal waren es zwei Kisten mit Munition. Als das an die Öffentlichkeit kam, zog die «Colonia» vor Gericht und verklagte die Zollbehörden, die sich trotz des zollfreien Status des Lagers an den Containern zu schaffen gemacht hatten. Die «Colonia» gewann den Prozeß.

Andere Zeugen vermuten, daß sich in der «Colonia Dignidad» eine Munitionsabfüllanlage und ein kleines Montagewerk für Schnellfeuergewehre des israelischen Modells «Uzzi» befindet oder zumindest lange Zeit befand. Hugo Baar berichtet, daß er als Vertreter der «Colonia» in Deutschland einmal nach Frankfurt geschickt wurde, um auf dem Schwarzmarkt zwei Handgranaten und einen ganzen Satz dazu passender Zünder einzukaufen. Beschwören wird Hugo Baar das alles nicht. So bleibt auch das nur eine unbelegbare Vermutung.

«Alles, was wir hier machen, ist für Strauß»
Die deutschen Freunde

Wie kommt es, daß Malte Radmann-Puffe, jener Mann, der Paul Schäfer in den siebziger Jahren die Hirsche zum Geschenk machte, nun Vizepräsident des größten Stahlkonzerns in Chile, der «Compania Aciero Pacifico», ist, die auch kräftig im Geschäft mit strategischen Metallen mitmischt? Und wie kommt es, daß jener Herr Malte Radmann-Puffe während des Waffenembargos für Diktator Pinochet auf dem Schwarzmarkt Waffen besorgte und nun stolz sein darf, ein Foto mit persönlicher Widmung von seinem «Freund» Pinochet im Schreibtisch liegen zu haben? Und wie kommt es, daß Malte Radmann-Puffe sich auf seiner Visitenkarte als Resident der «Paneuropa Union, Bonn» in Chile ausgibt? Und was, bitte schön, tat jener Malte Radmann-Puffe, als er von 1977 bis 1979 als erster Vertreter der bayerischen Hans-Seidel-Stiftung in Chile tätig war? Und welche Rolle spielte da Sepp Hort, Vorstandsmitglied der Hans-Seidel-Stiftung und dort zuständig für die Auslandsarbeit, im Hauptberuf allerdings Finanz-Vorstand des Waffenproduzenten Messerschmidt-Bölkow-Blom (MBB)? Könnte es sein (ist man versucht, ganz vorsichtig zu fragen), daß es etwas mit einer Lieferung von MBB-Hubschraubern des Typs BO-105 nach Chile zu tun hat, die nun von den «Carabineros de Chile» und den zwei Söhnen des Mercedes-Benz-Vertreters in Santiago, Kaufmann, geflogen werden? Ist es nicht ein Zufall, daß das äußerst seltene Metall Molybdän ausgerechnet beim Hubschrauber-Bau Verwendung findet? So viele Fragen, so viele Ungereimtheiten.

Eher ein unglücklicher Zufall ist es da wohl, daß Malte Radmann-Puffe beim Chile-Besuch von Norbert Blüm ganz oben mitmischte. Beim Empfang im Moneda-Palast war es Malte Radmann-Puffe, der auf einem Sessel zwischen Diktator Pinochet und Norbert Blüm die Rolle des Dolmetschers übernahm. Malte Radmann-Puffe ist befreundet mit Fritz Bohmüller, Chiles Generalkonsul in München.

Chiles Ex-Geheimdienstchef Manuel Contreras und Paul Schäfer haben einen gemeinsamen Bekannten, den deutschen Waffenhändler Gerhard Mertins. Dem Waffenhändler und seiner Firma «Deutsche Merex» geht es zur Zeit nicht so gut. Gerhard Mertins soll sein Gut Buschhof bei Königswinter verlassen, weil die Bayerische Hypothekenbank um ihre Kredite bangt. Gerhard Mertins, Zweitwohnsitz in den Vereinigten Staaten und in Mexiko (und dort, wie der Zufall so spielt, ausgerechnet in einem Ort mit dem Namen Parral), hat sich verspekuliert: mit Gold. Und so soll sich auch der Kontakt zur «Colonia Dignidad» ergeben haben. Experten aus der «Colonia Dignidad» hätten sich Mertins' Goldmine in Mexiko näher angesehen. Die Mine brachte Mertins nicht das große Geld, ihn dafür aber bis an den Rand des Ruins.

Gerhard Mertins macht keinen Hehl aus seiner Freundschaft zu den Deutschen in Chile. Sein Sohn, so erklärt er am Telefon, habe «mit diesem Doktor da unten», und er meint Dr. Hartmut Hopp, gemeinsam in den Vereinigten Staaten Medizin studiert. Auf Bitten Hopps habe dann der Sohn von Gerhard Mertins der Lagerärztin Gisela Seewald eine neue Bein-Prothese besorgt. «Wir können als Deutsche stolz darauf sein, was die da unten leisten», verteidigt Mertins auch heute noch die «Colonia Dignidad». Mehrfach hat er die Kolonie besucht und war stets «angetan» von den ordentlichen Deutschen. In der Öffentlichkeit verteidigte er die «Colonia Dignidad» und führt, wenn Journalisten ihn aufsuchen, auch gerne einen Jubel-Film aus dem Lager vor, in dem blonde Mädels mit roten Wangen munter musizieren. Gerhard Mertins hat einen deutschen Freundeskreis der «Colonia Dignidad» gegründet und in einem Brief aufgezählt, wer gleich ihm von der «Colonia Dignidad» beeindruckt war: ZDF-Kommentator Gerhard Löwenthal, der Münchner Stadtrat und Präsident der Internationalen Jugendbibliothek Schloß Blütenberg Wolfgang Vogelgesang und der ehemalige deutsche Botschafter in Chile und jetzige geschäftsführende Vizepräsident der Deutschen Gesellschaft für auswärtige Politik, Erich Strätling. An die Journalistin Gaby Weber, der er auch den Werbefilm der «Colonia» vorführte, schrieb Mertins am 21. 1. 1980: «Vorerwähnte Herren waren in Dignidad und haben die gleichen positiven Eindrücke gewonnen wie ich.» Die Dignidad-Bewohner hätten «mit ihrem Fleiß und ihrem Können für chilenische Verhältnisse ein Paradies geschaffen». Dem Freudeskreis gehörten nach Informationen der Lateinamerika-Nachrichten zeitweise 120 Personen an. Gerhard Mertins schickte am 22. 1. 1980 seinem Brief ein Telegramm nach und verbot Gaby Weber «jegliche Veröffentlichung», andernfalls werde er «gerichtliche Schritte» einleiten.

Am 7. November 1979 schreibt Mertins an die «Junge Union» in Siegburg über die «Colonia Dignidad»: «Diese deutsche Gruppe machte auf mich einen hervorragenden Eindruck und ist in der gesamten Umgebung ein enormer deutscher Faktor geworden. Eine Reihe von deutschen Besuchern von DIGNIDAD sind mit mir der gleichen Auffassung, daß dieser Mission in der Öffentlichkeit Unrecht zugefügt wird. Die bayerische Landesregierung, die Ernst-Seidel-Stiftung sowie das ZDF haben bei ihren Besuchen meine Eindrücke bestätigt. Auch der Besuch des letzten deutschen Botschafters Strätling bei der Mission bestätigte meine Auffassung (...). Der selbstlose Einsatz einer Ärztin (mit amputiertem Bein), eines Arztes und weiterer zehn Rote-Kreuz-Schwestern ist bewundernswert.»

Sein Anwalt Dr. Klassen vertrete «in völliger Übereinstimmung die Interessen eines hier gebildeten Freundeskreises der ‹Dignidad›». Der Rechtsanwalt stand auch der «Privaten Socialen Mission» zur Verfügung. «Die Herren Strauß, Dregger und Graf Huyn erhalten Kopie dieses Schreibens und werden eigene Wege beschreiten, um Ihren Angriffen zu entgehen.» Kopien des Briefes bekamen auch: «Private Sociale Mission: Herren Schaak und Blank».

Gerhard Mertins hat den ehemaligen chilenischen Geheimdienstchef Contreras im Winter 1975/76 in der Bundesrepublik begrüßt. Contreras war mit falschem Namen eingereist und flog später mit dem Waffenhändler weiter in den Iran.

Adolf Herkenrath, CDU-Bundestagsabgeordneter, hat die «Colonia Dignidad» als Bürgermeister von Siegburg 1977 öffentlich verteidigt. Adolf Herkenrath war für die Konrad-Adenauer-Stiftung zuvor in Lateinamerika.

Der langjährige bayerische Vorsitzende des christlichen Gewerkschaftsbundes, Lorenz Allgäuer, war von der «Colonia Dignidad» begeistert, nachdem er Gast dort gewesen war. Nach einem Besuch im Lager reiste Allgäuer mit einem Begleiter nach Osorno, tief im chilenischen Süden. Dort kam der Gewerkschaftsvorsitzende ums Leben, als er versuchte den Vulkan von Osorno zu besteigen. Gemeinsam mit den Carabineros suchten Arbeiter der «Colonia» in dem unwegsamen Gelände nach dem Verschollenen und kümmerten sich schließlich um die herbeigeeilten Angehörigen.

Er habe nie «Mitgliedsbeiträge in einen Freundeskreis» der «Colonia Dignidad» gezahlt, stellte der Münchner CSU-Stadtrat Wolfgang Vogelgesang am 1. Dezember 1987 in einer Telex-Rundsendung (Fernschreiben Nr. 48, «bitte den zuständigen Redaktionen sofort auf den Tisch») fest: «Ich war mehrere Male in Chile, zuletzt im Januar

1982, und dabei auch in der ‹Colonia Dignidad› zu Besuch.» Anlaß zu der Annahme, daß es dort Terror und Folterungen gäbe, habe er nicht gehabt. Seine Besuche seien «Privatbesuche» gewesen. Der «Verbindungsmann der CSU zu dieser Kolonie» sei er schon gar nicht. Und: «Sollten die derzeit erhobenen Vorwürfe (gegen die ‹Colonia Dignidad›) sich nicht entkräften lassen, gehöre ich zu denen, die eine rückhaltlose Aufklärung verlangen.» Die Logik ist bestechend: Wenn die Vorwürfe der Wahrheit entsprechen, wird Wolfgang Vogelgesang «rückhaltlos» der Wahrheit nachforschen.

Seine Begeisterung für die Kolonie hatte Wolfgang Vogelgesang schon mehrfach zu Papier gebracht: «Am letzten Tag unseres Aufenthaltes war das Fest. Im großen Festsaal war alles versammelt, zum Essen; Worte wurden gewechselt, dann kam das Programm, es dauerte vier Stunden. Der herrliche Chor: russisch, deutsch, chilenisch. Gemeinsamer Gesang. Alt und jung, die ganz Alten und die ganz Jungen. Beim Abschied standen sie Spalier, und uns kamen die Tränen, es war ein Blick in die Vergangenheit, hier wieder auferstanden, und es war der Blick in die Gestaltung einer Zukunft, wie es dem geschundenen Land Chile vonnöten ist. (...) Rufmord und Verleumdung und Diffamierung: Es stört sie wenig. So, wie sie Hilfe geben, brauchen sie Hilfe, unsere Hilfe. Ein Freundeskreis in Deutschland könnte viel helfen. Man ist konservativ, denkt an Bayern, zeigt die Fahne mit Löwe und Raute, Hoffnung für Deutschland. Man lebt dort in Dignidad aus der Geschichte, denkt wie Franz Josef Strauß in geschichtlichen Dimensionen.» Die Kolonie Würde sei «ein Musterbeispiel deutscher Aufbauleistung».

Zweimal hat der langjährige Auslandsreferent der CSU, Dieter Huber, das deutsche Mustergut besucht. Aus einem Schreiben des Auswärtigen Amtes weiß man, daß CSU-Referent Huber von «fünf Abgeordneten der CSU» begleitet wurde. Das Auswärtige Amt führt das als Beispiel dafür an, daß die «Colonia Dignidad» sich bei weitem nicht so hermetisch von der Öffentlichkeit abschotte wie immer behauptet. «Alles, was wir hier machen, ist für Strauß», wurde Huber in der Kolonie begrüßt. «Wie bei einem Staatsbesuch» wurde er behandelt. Nur der Stacheldraht, die Waffen und die scharfen Hunde störten ihn. Mit den Jugendlichen konnte er nicht sprechen. Das verhinderte Paul Schäfer. Huber registrierte ein «paramilitärisch organisiertes Gruppenleben» und erstattete seinem Dienstherren später weisungsgemäß mündlich Bericht über die Dignidad-Besuche, «betont kritisch». Der CSU-Vorsitzende schien nicht erstaunt. Huber: «Strauß wußte, was da vorgeht.»

«Das haben wir gerade aus der bayerischen Staatskanzlei übersandt bekommen», sagte Paul Schäfer auf einer Videoaufnahme, die aus dem Lager geschmuggelt wurde. Der Lager-Chef hält einen kleinen bayerischen Löwen hoch, da rutscht ein Strauß-Porträt von der Wand und fällt auf den Boden. Auf einem Tischchen liegt ein «original bayerisches Wappen», auch das, so Schäfer, ein «Geschenk der bayerischen Staatskanzlei».

Auch der offizielle Präsident der «Colonia», Hermann Schmidt, gibt sich als Strauß-Fan: «Ich bin Bayer, aber wir alle haben für ihn eine besondere Wertschätzung, weil er ein wahrhaftiger und mutiger Mann ist. Er ist wie Pinochet.» Strauß persönlich sei allerdings noch nie in der Kolonie gewesen, man habe «Besuche von einigen seiner Freunde» empfangen, vertraute Hermann Schmidt dem *Mercurio* Ende 1987 an. «Wir kennen ihn aus der Zeitung und erwarten nicht, daß er uns verteidigt. Im Gegenteil, wir wollen ihn nicht belästigen.» Von Helmut Kohl dagegen hält der Präsident nichts: «Ach, das ist keine wahrhaftige Persönlichkeit, die die Wahrheit sucht und die Dinge so sagt, wie sie wirklich sind.» Hartmut Hopp: «Wenn Kampf gegen die Vernichtung des menschlichen Wesens und Kampf für die Freiheit bedeutet, rechtsgerichtet zu sein, dann sind wir rechtsgerichtet. Wie Strauß, der nicht die höchsten Rechte in der Bundesrepublik verkörpert, sondern der größte Verteidiger von Recht und Wahrheit ist.» Hartmut Hopp wohnt offiziell in Rottach-Egern, Ludwig-Thoma-Straße 17, bei Konrad Niedermaier, CSU-Bürgermeister des Städtchens am Tegernsee.

Urlaub hinter Stacheldraht verbrachten auch einige bayerische Wissenschaftler. Professor Dieter Blumenwitz, Völkerrechtler an der Universität Würzburg und bei Chiles Regierungs-Junta wohlgelitten, weil er bei der Formulierung der neuen «Verfassung» half und auch im chilenisch-argentinischen Grenzkonflikt vermittelt und einen Kontakt zum Vatikan eröffnet hatte, war mehrfach in «Dignidad». Öffentlich Stellung beziehen zu seinen Besuchen möchte er nicht. Dieter Blumenwitz hat auf Aufforderung der «Colonia Dignidad» ein Rechtsgutachten verfaßt.

Professor Dieter Blumenwitz sitzt im wissenschaftlichen Beirat des «Instituts für Demokratieforschung e. V.» in Würzburg. Der wissenschaftliche Direktor des Instituts, das unter anderem durch Auftragsforschung für die Bundesregierung finanziert wird, Professor Lothar Bossle, war dreimal in der «Colonia Dignidad» zu Besuch. Heute nimmt er Abstand von der Kolonie und bestätigt öffentlich, daß es «in der ‹Colonia Dignidad› Menschenrechtsverletzungen gibt». Paul Schäfer, aber auch Hartmut Hopp seien «Schläger». Die «Menschenwürde» werde im Lager verletzt. Schon am 15. 5. 1985 habe er an den ehemaligen deutschen Botschafter Holzheimer (er stammt aus Würzburg und hat auf Einladung Bossles am 23. Juli 1985 über «Chile heute» referiert) einen Brief geschrieben und «darin die Entfernung von Schäfer aus der Colonia Dignidad bereits vorgeschlagen und als einzige denkbare Lösung bezeichnet». Der ordentliche Professor für Soziologie an der Universität Würzburg erinnerte sich allerdings erst an das Schreiben, als Reporter bei ihm anklopften und nach seinen Verbindungen zur «Colonia Dignidad» fragten.

Dem «lieben und verehrten Botschafter» schrieb Bossle, daß er die gegenüber dem Auswärtigen Amt abgegebenen Fluchtberichte von Hugo Baar seinem Kollegen Blumenwitz, dem chilenischen Botschafter in Bonn und dem Generalkonsul von Chile in München, Fritz Bohmüller – er organisierte 1977 eine «Freundschaftsreise» für «einflußreiche Persönlichkeiten» nach Chile –, geschickt habe. Lothar Bossle: «Die Erhöhung der Brisanz des Falles ergibt sich dadurch, daß Herr Dr. Hartmut Hopp augenblicklich in der Bundesrepublik mit Herrn Peter Packmor weilt, dem psychisch angeschlagenen Mann, der mehrfach in den beiden Berichten der geflohenen Ehepaare erwähnt ist (...). Dies teile ich Ihnen vor allem deshalb mit, um die Dringlichkeit einer Regelung dieses Falles zu unterstreichen. Man muß unter allen Umständen vermeiden, daß daraus ein neuer Skandal entsteht.»

«Nach einer Herauslösung von Herrn Schäfer», so Bossle an den Botschafter, müsse «sofort eine betreuende Arbeit einsetzen, die von der Regelung von Eigentumsverhältnissen bis zur Festsetzung von Statuten für weitere Arbeiten zu gehen hat». Lothar Bossle, Dieter Blumenwitz und der Pastor der katholischen Gemeinde von Santiago, Pater Starischka, «der einen sehr guten Namen in der Colonia Dignidad hat, den er ebenfalls nicht verlieren möchte» (Bossle), seien bereit, das nach der «Herauslösung» von Paul Schäfer «entstehende Vakuum» überwinden zu helfen. Besonders interessiert ist Lothar Bossle auch an der Lösung der Eigentumsfrage. In der Kolonie habe es ja nicht gutgehen können, denn aus seiner Erfahrung als Soziologe könne er nur bestätigen, daß alle Lebensgemeinschaften, in denen die Eigentumsfrage nicht geklärt sei, zum Scheitern verurteilt seien. Fast drei Jahre nach diesem Brief bestätigt nun Bossle, daß auch er «einen solch gespenstischen Knabenchor» vorgeführt bekam und sofort tief betroffen davon gewesen sei, besonders weil Paul Schäfer die singenden «Colonia»-Bewohner auch noch angebrüllt habe, obwohl sie doch gut gesungen hätten.

Bossle war Ende 1987 wieder in Chile, diesmal, so die Zeitung *Las Ultimas Noticias*, bei Diktator Pinochet, «im ausdrücklichen Auftrag des bayerischen Ministerpräsidenten, um eine Studie über die Situation in Chile zu erarbeiten». Vor Gesprächen mit Journalisten zum Thema «Colonia Dignidad» holt sich Bossle in der bayerischen Staatskanzlei den allerhöchsten Segen. Er habe sich, so Bossle bei einem Fernsehinterview, in der «bayerischen Staatskanzlei autorisieren lassen». Und von wem läßt sich ein Professor Interviews genehmigen? Bossle: «Von Herrn Piller.» Ministerialdirigent Dr. Wolfgang Piller ist Amtschef der bayerischen Staatskanzlei.

«Die Botschaft
habe ich in meiner Hand»
Ein deutscher Skandal

Erich Strätling ist «Herr Wartemal». Bonns erster Diplomat in Chile von 1976 bis 1979 wird in der «Colonia Dignidad» intern nur mit diesem Namen bezeichnet. Und das hat seinen Grund.

Arbeiter der «Colonia» hatten die Residenz des Botschafters in Santiago renoviert. Über Wochen waren «Colonia»-Mitglieder dabei, die Wohnräume des Botschafters zu tapezieren und andere Reparaturen auszuführen. Zurück im Lager, erstatteten die «Colonia»-Arbeiter Paul Schäfer Bericht. Immer wenn der Botschafter seine Gattin nach ihrer Meinung gefragt habe, sei als Antwort zuerst «warte einmal» gekommen. Seitdem, berichten die geflüchteten Sektenmitglieder, hieß das Botschafterehepaar in der «Colonia Dignidad» nur noch «Herr und Frau Wartemal».

Die «Colonia Dignidad» stand dem deutschen Botschafter in Santiago mehrfach zur Verfügung. Sein Dienst-Mercedes wurde von der «Colonia Dignidad» neu lackiert und auch das Flachdach der Residenz wurde von «Colonia»-Handwerkern gerichtet. Andere professionelle Handwerker, so Erich Strätling, habe es nicht gegeben. Solche Dienstleistungen seien doch «ganz normal».

Von Erich Strätling schwärmt Sektenchef Paul Schäfer immer noch, seit der Botschafter im November 1976 im Lager die Rede vom Schneewittchen und den sieben Bergen hielt. Die «Colonia Dignidad», sagte der Botschafter vor den angetretenen Lagerbewohnern, sei schöner und wunderbarer als im Märchen, es sei ganz so wie bei Schneewittchen hinter den sieben Bergen.

«Genschers Beamten», schreibt am 3. Dezember 1987 die *Frankfurter Rundschau*, hätten zugegeben, daß Erich Strätling zum «Freundeskreis» des umstrittenen Sektenführers Paul Schäfer gehört habe. Erich Strätling sollte 1977, als die Foltervorwürfe gegenüber der «Colonia Dignidad» bekannt wurden, für eine Klärung sorgen. Am 29. 3. 1977 erklärte der Botschafter gegenüber der *Welt*, daß er in der «Colonia Dignidad» kein Indiz dafür gefunden habe, daß die Berichte von amnesty international und *stern* vom «Folterlager der Deutschen» der Wahrheit entsprächen. Der Botschafter fuhr auch nach dem zweiten weltweiten «Colonia»-Skandal ins Lager, «mit meinem Fahrer und meiner Frau», wie er sich heute erinnert, um sich zu erkundigen, was denn an den Vorwürfen dran sei. Heute gibt er zu, daß er damals auch einem «Herrn Schneider» vorgestellt worden sei. Nach einem siebenstündigen Aufenthalt im Lager sei er auf der Rückfahrt von seiner Frau darauf aufmerksam gemacht worden, daß «Herr Schneider» ein Glasauge habe. «Das muß wohl Paul Schäfer gewesen sein.» Um die Vorwürfe gegenüber der «Colonia Dignidad» endgültig zu entkräften, habe er schließlich den Carabinero-General Stange (Strätling: «Mit dem war ich gut bekannt») gebeten, eine Luftaufnahme vom Lager zu machen. Diese «aus 1300 Metern erflogene Luftaufnahme» sei bei der deutschen Luftwaffe in Köln-Wahn ausgewertet worden und habe «keinerlei Hinweise auf unterirdische Foltergefängnisse» ergeben. Daß er bei seinem Besuch auch an einem geschlossenen Tor vorbeikam und Paul Schäfer ihm den Eintritt durch das Tor strikt verweigert habe, wie mehrfach berichtet, bestreitet der Ex-Botschafter heftig. Ohnehin seien die freundlichen Handwerksdienste der «Colonia» gegenüber der Botschaft ganz normal gewesen. Strätling verwahrt sich heute dagegen, «mit Folterern in Zusammenhang gebracht zu werden». Das Lager der Deutschen sei ihm recht eigenartig vorgekommen, aber immerhin würden dort die guten alten deutschen Traditionen gepflegt. Strätling: «Man muß ja nicht mit allem übereinstimmen.» Die Menschen in dem Lager seien alle «minderen intelektuellen Zuschnitts», etwas bieder und religiös leicht fanatisch. Doch es sei «absoluter Quatsch», die «Colonia» mit ehemaligen Nazis oder gar dem Geheimdienst in Verbindung zu bringen. Daß das Lager die Protektion der chilenischen Regierung genieße, hänge einzig und allein mit «den erfolgreichen Aufbauleistungen der ‹Colonia› in Südchile zusammen». Da die Chilenen selbst so etwas nicht zustande bringen, wecke der Fleiß und der Leistungswille der Deutschen bei ihnen Neid, der, so Strätling am 15. August 1987, führe dann zu Verleumdungen.

Als der *stern* 1977 in Chile Näheres über die Verwicklungen zwischen Botschaft und «Colonia» erfahren wollte, sagte Botschafter Erich Strätling erst einmal gar nichts. Sein Stellvertreter, Botschaftsrat Henning-Leopold von Hassel, urteilte über die Kolonie: «Ordentlich und sauber bis zu den Schweineställen.» Der schwer beschuldigte Sektenchef Schäfer sei «seit zehn Jahren verschwunden, vermutlich tot». Kein Geringerer als Botschafter Erich Strätling, so «Colonia»-Außenminister Hartmut Hopp, habe ihnen geraten, gegen amnesty international und *stern* zu klagen. Wenn man damals allerdings schon gewußt hätte, daß der ehemalige evangelische Bischof in Chile und langjährige Generalsekretär von amnesty international, Helmut Frenz, diese Funktion nicht mehr lange ausübe, hätte man sich «diesen unglücklichen Prozeß nicht aufdrängen lassen» (Hopp).

Daß der Kontakt zwischen der deutschen Botschaft und der «Colonia Dignidad» über lange Jahre enger war, als das Auswärtige Amt heute zugeben will, bestätigte schließlich sogar die «Colonia Dignidad». In einer chilenischen Zeitung ließ sie im November 1987 verbreiten: «Außerdem haben einige Beamte (der Botschaft, G. G.) ihre Ferien hier verbracht oder sind auf der Durchreise hier gewesen.»

Mit Schwarzbrot, Lachsschinken und anderen deutschen Köstlichkeiten erschien der «Colonia»-Statthalter in Santiago, Alfred Matthusen, jeden Dienstag in der deutschen Botschaft und lieferte Freßpakete ab. Ein Botschaftsbeamter «des mittleren Dienstes» (Strätling) – der inzwischen auf einen anderen Posten versetzt worden ist – betrieb mit den Waren der «Colonia» einen schwunghaften Handel.

«Alfred Matthusen ging in der Botschaft ein und aus», berichten die Geflüchteten. Zu den Personen in der deutschen Botschaft, von denen sich die «Colonia»-Führung besonders gut verstanden fühlte, gehörte auch ein «Herr Roth». Das Verhältnis zu diesem Beamten sei schließlich so freundschaftlich gewesen, daß die «Colonia Dignidad» ihm eine Privatkrankenschwester zur Verfügung stellte, als seine Tochter sich von den Verletzungen erholen mußte, die sie sich bei einem Verkehrsunfall mit dem Schulbus zugezogen hatte.

Bis heute war vom Auswärtigen Amt noch nicht einmal zu erfahren, ob es jenen «Herrn Roth» überhaupt gibt. «Wir schauen in die Zukunft, nicht in die Vergangenheit», meint der Sprecher des Auswärtigen Amtes und stellt dann, immer mal wieder, ein Hintergrundgespräch in Aussicht. Den «Herrn Roth» gibt es. Es ist Amtsrat Alfons Roth, von 1971 bis 1976 in der deutschen Botschaft in Chile zuständig für Rechts- und Konsularangelegenheiten, eben genau für jenes Referat, in dem immer wieder Hilferufe aus Deutschland eingetroffen sind, aber auch die Pässe der «Colonia Dignidad»-Bewohner stoßweise abgestempelt wurden.

«Die Botschaft habe ich in meiner Hand», habe Paul Schäfer immer gesagt. Das Ehepaar Packmor hat denn auch nicht in der deutschen Botschaft Schutz gesucht, nachdem ihm die Flucht aus dem

Lager gelungen war, sondern in der kanadischen Botschaft. Vierzehn Tage später, am 27. März 1985, schrieb Bonns Botschafter in Chile unter dem Aktenzeichen RK 543.00 Ber. Nr. 352/85 an das Auswärtige Amt «zur Information und mit der Bitte um Weisung»: «Die Colonia Dignidad hat wieder einmal für Schlagzeilen gesorgt.» Die Flucht des Ehepaars sei an die Öffentlichkeit gedrungen. Der deutsche Botschafter wurde zu seinem kanadischen Kollegen gebeten. Nur wenn der deutsche Botschafter förmlich verspreche, daß das Ehepaar Packmor nicht wie andere Flüchtlinge zurück ins Lager geschickt werde, übergebe der kanadische Botschafter das Ehepaar in die Obhut der deutschen Diplomaten. Der damalige Botschafter Holzheimer gab das peinliche Versprechen ab. Inzwischen waren vor der kanadischen Botschaft schon mehrere schwarzweiß lackierte Polizeiautos vorgefahren, angeblich, um die Botschaft besser zu bewachen. Durch einen nur für Botschaftsangehörige zugänglichen Fahrstuhl wurde das Ehepaar, begleitet von einem Mitarbeiter der deutschen Botschaft, in die Tiefgarage des Hochhauses gebracht und von dort zum deutschen Altersheim von Santiago gefahren, an jenen Ort, in dem auch der erste Flüchtling Wolfgang Müller vor der «Colonia Dignidad» in Sicherheit gebracht wurde.

Die Bemühungen der deutschen und der kanadischen Botschaft um eine möglichst rasche Ausreise des Ehepaars nach Kanada wurden zunichte gemacht, als plötzlich in kanadischen Zeitungen Artikel erschienen, in denen das Ehepaar Packmor als «Neo-Nazis» bezeichnet wurde, das jetzt in Kanada Asyl erhalten sollte. Der kanadische Botschafter mußte daraufhin die Aufnahme des Ehepaares auf einen späteren Zeitpunkt verschieben. Georg und Lotti Packmor reisten, ohne einen Pfennig Geld, zunächst nach Deutschland, wohnten für kurze Zeit in Gronau und erhielten schließlich in aller Stille das begehrte Visum. Georg und Lotti Packmor leben heute in Kanada. «Ein die Abwicklung der Ausreise aus Chile noch überlagerndes Problem konnte allerdings nicht mehr gelöst werden», schrieb der Botschafter. «Die Eheleute Packmor hinterließen in der Colonia Dignidad ihren vierzehnjährigen Adoptivsohn Mathias.» Mathias lebt auch heute noch im Lager.

«Wichtiger wäre allerdings, daß die in vielem an ein Konzentrationslager gemahnenden Lebensbedingungen wie die Behandlung mit Psychopharmaka und Elektroschocks geändert werden und Herrn Schäfer nicht weiter Gelegenheit gelassen wird, Kinder bei sich schlafen zu lassen (siehe Fahndungsersuchen in der Vergangenheit).» Danach bat der Botschafter um Weisung aus Bonn.

In Bonns diplomatischer Vertretung in Chile hat sich die Einstellung – nach langen Jahren der bürokratischen Sturheit – gegenüber der «Colonia» allmählich grundlegend geändert. Bis Ende der siebziger Jahre wurden die Pässe der «Colonia»-Bewohner «im Sammelverfahren», so die Botschaft, ausgestellt. Ein Vertreter der «Colonia Dignidad» legte einen Stapel Pässe im deutschen Generalkonsulat von Concepcion auf den Tisch und bat um Verlängerung. Die Stempel wurden in die Personalpapiere geknallt, ohne daß ein Botschaftsangehöriger den Paßinhaber zu Gesicht bekommen hat. So wurden auch die für die Rentenzahlungen an die «Colonia» so wichtigen Lebensbescheinigungen ausgestellt, nämlich im Dutzend. Als schließlich die Botschaft in Santiago die Zuständigkeit für alle «Colonia»-Anfragen an sich zog und nur noch dann Pässe und Lebensbescheinigungen ausstellen wollte, wenn die betreffenden Personen auch auf der Botschaft erscheinen, passierte erst einmal gar nichts. Bis zum September 1987 waren etwa 140 Pässe von Lagerinsassen abgelaufen, weil niemand persönlich zur Verlängerung des Passes erschien. Da auch keine Lebensbescheinigungen mehr ausgestellt wurden, wurden die Rentenzahlungen an das Lager teilweise eingestellt.

Die Kolonie war diese Behandlung von den ehemals freundlichen deutschen Diplomaten überhaupt nicht gewöhnt und schrieb der Botschaft einen geharnischten Beschwerdebrief. Der Brief löste ungläubiges Staunen beim Empfänger aus. Der Präsident der «Colonia Dignidad» zitierte nämlich in diesem Brief wörtlich aus einem geheimen und verschlüsselten Fernschreiben der Botschaft an die Bonner Zentrale. Irgendwo hatte die «Colonia» also einen Maulwurf sitzen, der auch noch Zugang zu Akten der Botschaft hat. Im Auswärtigen Amt wurde eine interne Untersuchung angeordnet, die inzwischen – ergebnislos – abgeschlossen ist.

Die «Colonia Dignidad» erstattete schließlich Dienstaufsichtsbeschwerde gegen den deutschen Konsul in Santiago, weil man sich jetzt, wo in der Botschaft korrekt gehandelt wurde, benachteiligt und beleidigt fühlte. Nach dem Fortgang dieser Dienstaufsichtsbeschwerde erkundigte sich in Bonn prompt der parlamentarische Geschäftsführer der CDU/CSU-Fraktion im deutschen Bundestag, Friedrich Bohl.

Die «Colonia Dignidad» war schon längst wieder öffentlich im Gerede, da wurden die deutschen Diplomaten, denen Wochen zuvor noch jeder Besuch in der «Colonia Dignidad» verwehrt worden war (der Konsul stand eine Stunde vor dem Tor und zog dann unverrichteter Dinge ab), am 7. November 1987 zu einem Konsularsprechtag in die «Colonia» vorgelassen. «Alles ist viel schlimmer, als wir uns das vorgestellt haben», zitierte das ZDF danach die Diplomaten. Und im *Spiegel* sagten sie, die «Colonia» sei «eine Mischung von Theresienstadt und Metropolis».

Héctor Tarico Salazar verstand die Welt nicht mehr. Der frühere Landrat von Linares (in direkter Nähe der «Colonia») hatte schon unter der Regierung Frei die «Colonia Dignidad» der Menschenrechtsverletzung beschuldigt. «Von allem, was ich wußte, habe ich den Zuständigen berichtet, damit die entsprechenden Maßnahmen getroffen wurden. Wegen meiner Anzeige brachte mich die Leitung dieser Siedlung vor Gericht. Ich wollte nur die Grundsätze, die Rechte und die Würde des chilenischen Volkes verteidigen, aber schließlich hat der Oberste Gerichtshof das Verfahren eingestellt. Nunmehr wundert es mich sehr, daß eine Person mit dem Namen Paul Schäfer einer Delegation der deutschen Regierung den Zutritt zu der Siedlung Dignidad in Parral gestattet, denn als die chilenischen und deutschen Gerichte auf Grund meiner Anzeigen gegen Paul Schäfer, den höchsten Vertreter der Siedlung, vorgehen wollten, war er nirgends zu finden und hinterließ einen Brief, in dem er seinen Selbstmord ankündigte.» Nun soll dem angeblich toten Paul Schäfer erneut der Paß verlängert worden sein, nachdem es schon 1985 «keine paßversagenden Gründe» dafür gab, Schäfer einen deutschen Reisepaß auszustellen. Das ist allerdings nur ein Nebenaspekt des Konsularsprechtags. Gegenüber den deutschen Diplomaten sollen am 7. Vovember 1987 drei Bewohner der «Colonia» klargemacht haben, daß sie aus dem Lager befreit werden wollen. Konkretes wird nicht mitgeteilt.

Über zwei Jahrzehnte wurden die deutschen Diplomaten immer wieder von in der Bundesrepublik lebenden Angehörigen auf das Schicksal der Menschen in der «Colonia Dignidad» aufmerksam gemacht. Eine Lösung des Problems und die Hilfe für die Bittsteller verhinderte allerdings eine «enge Komplizenschaft Paul Schäfers mit deutschen Diplomaten» (*stern*). Mit derselben Regelmäßigkeit, mit der die Bonner Diplomaten in Chile zum Beispiel die Unterschriften von Hunderten von Briefen und Postkarten aus der «Colonia Dignidad» an Angehörige in Deutschland beglaubigten, wurden hilfesuchende Angehörige abschlägig beschieden. Günther Bohnau, der nach dem ersten erschütternden Hilferuf seines Vaters persönlich im Auswärtigen Amt einen «Rückführungsantrag» abgab, wurde noch nicht einmal der Eingang des Schreibens bestätigt. Christel Schwöll, die um ihre in der «Colonia» lebende Schwester Ursula kämpfte, wollten die Diplomaten nicht die Postanschrift des Lagers mitteilen, sie mußte sich die Adresse selbst beschaffen. Als 1975, wenige Tage vor seinem Abschlußexamen, der Student Wolfgang Müller (II) plötzlich verschwand und sich später ausgerechnet aus der «Colonia Dignidad» meldete, konnte die deutsche Botschaft Manfred Zabel, lange Jahre Professor des Verschwundenen, nur mitteilen: «Herr Müller sprach am 29. 4. 1977 in Begleitung seiner Mutter und seiner beiden jüngeren Geschwister zur Beglaubigung seiner Unterschrift unter einem bereits fertiggestellten Brief vor. Dabei machte er einen völlig unbefangenen und normalen Eindruck. Ein weitergehendes Gespräch wurde nicht geführt.» Ähnlich ging es bei Nathan und Helene Bohnau, die zuerst Hilferufe aus dem Lager herausgeschmuggelt hatten und dann in einer schriftlichen Erklärung gegenüber der Botschaft das widerriefen. Immer erschienen – und immer in Begleitung eines anderen Sektenmitglieds – die Lagerbewohner und erklärten, daß sie «freiwillig» in der «Colonia» lebten. Dann wurden vorformulierte Erklärungen abgegeben. Die Botschaft handelte formal. Die «Willenserklärung» der Bewohner war abgegeben. Einen Zweifel erlaubte man sich nicht. Man wartete bis zum nächsten Fall. Dann wiederholte sich das Ritual. Solche Einzelfälle füllen Aktenordner.

Dr. Klaus von Dohnanyi, damals für die SPD Staatsminister im Auswärtigen Amt, schrieb am 8. Februar 1979 an den SPD-Bundestagsabgeordneten Ernst Waltemathe, der sich immer wieder für in der «Colonia Dignidad» festgehaltene Deutsche eingesetzt hat: «Einzelgespräche mit mehreren Mitgliedern der ‹Colonia Dignidad›, die die Botschaft führte, ergaben, daß die Angehörigen der Siedlung nach den Wirren des Zweiten Weltkriegs und Kriegsgefangenschaft froh waren, durch Aufnahme in dieser Gemeinschaft wirtschaftliche Sicherheit und Geborgenheit zu finden. Sie gaben sich heiter und gelöst und gaben keinen Grund zu bezweifeln, daß sie sich dort in ihrer Abgeschiedenheit tatsächlich wohl fühlen.» Und: «Die Botschaft wäre überfordert, wenn man sie mit Untersuchungen kriminalistischen Charakters beauftragte. Das wäre auch völkerrechtlich unzulässig.»

Am 24. März 1977 sagte Staatsminister von Dohnanyi in der 21. Sitzung des Deutschen Bundestages: «Die erneut – wie es scheint – nicht unbegründet gegen die ‹Colonia Dignidad› in Chile erhobenen Vorwürfe sind jedoch so schwerwiegend, daß eine eingehende Untersuchung unbedingt erforderlich ist. (...) Über das Ergebnis wird die Bundesregierung so bald wie möglich berichten.»

Von einem Bericht der Bundesregierung war danach nichts mehr zu hören, bis es Ende 1987 erneut Fernseh- und Presseberichte über die «Colonia Dignidad» gab. Nach mehr als zehn Jahren – Hans-Dietrich Genscher war schon 1977 Außenminister – wird das Auswärtige Amt erneut zu einer Antwort gedrängt. Der Sprecher des Außenministers in der Bundespressekonferenz vom 26. November 1987: «Seit Jahren versuchen wir (in die ‹Colonia›, G. G.) hineinzukommen. Es ist uns nie gestattet worden. Und wenn man die Vorwürfe ansieht, die amnesty international erhoben hat, dann gibt es möglicherweise so viele politische Querverbindungen, die die Sache eben sehr schwierig machen.» Das Anliegen der Journalisten, «mit dieser Sache in die Öffentlichkeit zu treten», verstehe er. Und wie 1977 fielen dann markige Worte: «Aber wir werden den ganzen Komplex im Auswärtigen Amt sehr intensiv aufbereiten. Davon können Sie ausgehen. (...) Und das, was wir von den Flüchtlingen gehört haben, gibt Anlaß zu allerhöchster Sorge.»

Genscher schickte eine «Untersuchungskommission» nach Chile, die die «Colonia Dignidad» besuchen sollte. Angeführt vom ehemaligen Botschafter in Uruguay, Johannes Marré, sollten der Psychologe Salewski, der Düsseldorfer Oberstaatsanwalt Sent, Regierungsdirektor Stein aus dem Bonner Justizministerium, Bischof Stehle von «Adveniat» und der Oldenburger Rote-Kreuz-Präsident Oldesloh das Lager besuchen. Begleitet wurden sie von Michael Gerdts, Pressesprecher im Auswärtigen Amt, und einem anderen AA-Beamten. Die «Informationsmission», wie sich die Reisegruppe offiziell nannte, bezog im Hotel Holiday Inn in Santiago ihre Zimmer. In einem Konferenzsaal des Hotels und in der deutschen Botschaft warteten die Herrschaften darauf, in die «Colonia Dignidad» gelassen zu werden. Die «Colonia» hatte schon ihre Rechtsanwälte in Bewegung gesetzt und Genschers Abgesandten in einer einstweiligen Verfügung verbieten lassen, ihr Grundstück zu betreten. Mit der deutschen Kommission wolle man nichts zu schaffen haben. Es kam zu keiner offiziellen Begegnung der Sonderkommission mit chilenischen Regierungsmitgliedern oder aber Vertretern der «Colonia Dignidad».

Dann kündigte Bonns Botschafter in Chile, Horst Kullak-Ublick, telefonisch der «Colonia Dignidad» einen Überraschungsbesuch an. Zusammen mit Bischof Emil Stehle werde er sich jetzt auf den Weg machen und zum Lager fliegen. Kaum auf dem Flughafen von Santiago angekommen, teilte die «Colonia Dignidad» über Funk mit, daß ihr Flughafen nach starken Regenfällen überflutet und damit unbenutzbar sei. Die Herrschaften sollten sich gar nicht erst die Mühe machen. Der Botschafter, der Bischof und ein General der Carabineros stiegen daraufhin in einen Hubschrauber um und unternahmen trotzdem einen Versuch. Als sie nach dem fast einstündigen Flug das Gelände der «Colonia Dignidad» erreichten, war die Flugpiste zugestellt mit schweren Lastwagen, Mähdreschern und Traktoren. Für ein Flugzeug wäre eine Landung unmöglich gewesen. Aber auch mit der Ankunft eines Hubschraubers hatte man in dem Lager schon gerechnet. Auf der Ladefläche eines Lieferwagens, beobachtete der Pilot des Polizei-Hubschraubers, waren große Kartonplatten lose aneindergelehnt worden. «Das sind Guerilla-Methoden.» Der Pilot wollte nicht landen, denn der Sog der Hubschrauberrotoren hätte die Papp-Platten sofort nach oben gezogen, und die Kartons hätten sich im Rotor gefangen. Der Hubschrauber landete trotzdem, etwas weiter vom Flugfeld entfernt, auf dem Gelände der «Colonia Dignidad». In einem beigen Mercedes 220 D kamen Dr. Hartmut Hopp und Kurt Schnellenkamp angefahren und erklärten dem Botschafter und dem Bischof, daß sie ungebetene Gäste seien und gerade einen Hausfriedensbruch begingen. «Wir wünschen nicht, Sie zu empfangen.» Zu dem Carabinero-General meinte Hopp: «Ich werde dafür sorgen, daß Sie ihre Uniform in den Schrank hängen.» Die unerwünschten Gäste flogen wieder nach Santiago.

Das war es dann auch schon. Die Untersuchungs-Kommission kehrte nach einer Woche in Chile wieder zurück. Der Bericht der Bundesregierung steht noch aus. In Hamburg haben sich derweil vierzig Angehörige von Bewohnern der «Colonia Dignidad» zu einer «Not- und Interessengemeinschaft» zusammengeschlossen. In Bonn nimmt man alles «sehr ernst».

Zu den Quellen

Grundlage dieser Dokumentation sind die schriftlichen Berichte der Ehepaare Packmor und Baar gegenüber dem Auswärtigen Amt in Bonn und der deutschen Botschaft in Chile, mehrere Stunden Gespräche und Interviews vor der Fernsehkamera mit Heinz Kuhn, der auf Einladung der Kölner Filmproduktion PLAN FILM mehrere Wochen in der Bundesrepublik war, mit Folteropfern, ehemaligen Agenten des chilenischen Geheimdienstes, geflohenen ehemaligen Sektenmitgliedern und Angehörigen von in der «Colonia Dignidad» Verschwundenen, zudem Gespräche mit amnesty international, besonders mit dem ehemaligen Generalsekretär der deutschen Sektion, Helmut Frenz, und dem ai-Geschäftsführer Walter Rövekamp und Brigitte Erler. Zudem habe ich über Monate Gespräche mit Waltraud und Hugo Baar geführt. In die Dokumentationen eingegangen sind eine umfangreiche Pressesammlung aus chilenischen Zeitungen (bis Dezember 1987), der Schriftverkehr der deutschen Botschaft in Chile beziehungsweise des Auswärtigen Amtes in Bonn mit Angehörigen von «Colonia»-Bewohnern, ein von mir geführtes Fernseh-Interview mit Professor Lothar Bossle, Würzburg, die Zeugenaussagen vor der 3. Zivilkammer des Landgerichtes Bonn (AZ 30 123/77) und Protokolle des Deutschen Bundestages. Zudem:

Report of the United Nations of Economics and Social Council «Study of Reported Violation of Human Rights in Chile», Februar 1976.

Report of the United Nations Economics and Social Council, «Protection of Human Rights in Chile», Oktober 1976.

amnesty international: «Colonia Dignidad – Deutsches Mustergut...» Bonn 1977. Die Veröffentlichung der Broschüre wurde auf Antrag der «Colonia Dignidad» untersagt. Das Verfahren ist weiterhin anhängig.

Tagebuchauszüge von Ernst Waltemathe, MdB, 1978.

Lateinamerika-Nachrichten «Colonia Dignidad – der doppelte Skandal», Sondernummer, Berlin 1980.

Lateinamerika-Nachrichten, Nr. 166, Berlin, Januar 1988.

Gaby Weber «Krauts erobern die Welt», Hamburg 1981.

Donald Freed «The Murder of Orlando Letelier – Death in Washington», New York 1980.

John Dinges «Colonia Dignidad», The Rebel, Februar 1984.

Taylor Branch/Eugene Popper «Labyrinth», New York 1982.

«El Mercurio», Santiago, 6. Dezember 1987.

«Colonia Dignidad – Deutsche Handlanger für die Diktatur in Chile?», «Auslands-Studio». WDR III, 13. Dezember 1987.

Kurzbeiträge zum Thema «Colonia Dignidad» in «Aktuelle Stunde», «Gott und die Welt», «ZAK» und «Tagesthemen», WDR III bzw. ARD, August 1987 bis Januar 1988.

Herausgegeben
von
Freimut Duve

C 1099/9

5925   5438

Probleme der Dritten Welt

Gisela Frese-Weghöft
Ein Leben in der Unsichtbarkeit
Frauen im Jemen (5645)

Rainer Hörig
Indien ist anders
Ein politisches Reisebuch
(5924) August '87

A. Malanowski/M. Stern (Herausgeber)
Iran – Irak
«Bis die Gottlosen vernichtet sind»
Krieg zwischen Iran und Irak.
Vorwort Bahman Nirumand (12133)

Bahman Nirumand
**Iran – hinter den Gittern verdorren
die Blumen** (5735)

Aktionsgruppe Philippinen
(Herausgeber)
**Philippinen –
wenn der Bambus bricht** (5739)

Herausgegeben
von
Freimut Duve

aktuell rororo

C 2133/7 b

5918   5436